Oskar Albin Böhme

Zur Kenntnis des Oberfränkischen im 13., 14. und 15. Jahrhundert

mit Berücksichtigung der ältesten oberfränkischen Sprachdenkmäler

Oskar Albin Böhme

Zur Kenntnis des Oberfränkischen im 13., 14. und 15. Jahrhundert
mit Berücksichtigung der ältesten oberfränkischen Sprachdenkmäler

ISBN/EAN: 9783742896049

Hergestellt in Europa, USA, Kanada, Australien, Japan

Cover: Foto ©ninafisch / pixelio.de

Manufactured and distributed by brebook publishing software (www.brebook.com)

Oskar Albin Böhme

Zur Kenntnis des Oberfränkischen im 13., 14. und 15. Jahrhundert

Inhaltsübersicht.

A. Einteilung des Oberfränkischen.

	Seite
Müllenhoffs Dreiteilung	9
Braunes Zweiteilung	9
Süd- und Rheinfränkisch sind zu trennen	10
Unterscheidungsmerkmale zwischen Rhein- und Südfränkisch in ahd. und mhd. Zeit	10
Die Behandlung des alten *d* bei Isidor	10
bei Otfrid	11
Die südfränk. Urkunden stimmen mit Otfrid überein	12
Die rheinfränk. mit Isidor	13
Südfränkisch sind die Speierer Urkunden des 13.—15. Jahrhunderts	15
Rheinfränkisch sind die Wormser Urkunden des 13.—15. Jahrhunderts	19

B. Die einzelnen Dialekte.

I. Südfränkisch	28
1. Altes *d* in den Urkunden a) des westlichen Gebiets	28
b) des östlichen Gebiets	29
Grenze des Südfränkischen	30
Die südfränk. Regel des anl. *d* und inl. *t* befolgt ausser Otfrid die Pfälzer Beichte, Summa theol., das Lob Salomons, drei Jünglinge im Feuerofen, Judith	32
Der Weissenburger Katechismus mit Otfrid verglichen	33
Die Namen in den alten Weissenburger Urkunden zeigen hinsichtlich der alten Dentalmedia nicht entschieden südfränk. Lautstand	35
Übereinstimmung zwischen dem Südfränkischen und Schwäbisch-Elsässischen	38
2. Altes anl. *p*	39
Orthographie der Urkunden	39
Differenz zwischen der lebenden Sprache und der Ortbographie der Urkunden in der Südostecke der Pfalz (Speier)	40
Otfrids Heimat	40
3. Unverschobene *t* nicht vorhanden	41
4. Unterschiede zwischen dem heutigen Süd- und Rheinfränkisch	41

	Seite
II. Rheinfränkisch	42
1. Grenzen	42
Fulda nicht ostfränkisch, sondern rheinfränkisch	43
Tatian nicht im Fuldischen Dialekt geschrieben	44
2. Altes *d* im Rheinfränkischen	
a) zwischen Vokalen	
aa. im 13. und 14. Jahrhundert.	
Statistik	46
t nur in bestimmten Wörtern	54
Erklärung der *t* aus der lebenden Mundart	54
Der Süden des Rheinfränkischen hat einige *t* mehr . .	55
bb. im 15. Jahrhundert	57
b) -*rt*- in rheinfränk. Urkunden	59
c) -*ld*- — -*lt*- in rheinfränk. Urkunden	61
d) -*nd*- in rheinfränk. Urkunden	63
e) -*tt*- in rheinfränk. Urkunden	63
f) im Auslaut	63
g) im Anlaut	64
Isidor südrheinfränkisch	67
3. Anl. *p* in rheinfränkischen Urkunden	67
Anl. *ph* und *pf* ist nur in Nachahmung oberdeutscher oder südfränkischer Orthographie entstanden	73
Andere Beispiele des Vordringens oberdeutscher Schreibweise nach Norden	74
4. -*pp*- und -*mp*- in rheinfränk. Urkunden	79
5. -*rf*- und -*lf*- in rheinfränk. Urkunden	80
6. Unterschied zwischen Süd- und Nordrheinfränkisch	
a) *he (her)* — *er*	80
b) inl. *v* — *b*	81
c) neutrales *t*	81
7. Übergangsstufen zwischen Süd- und Rheinfränkisch, sowie zwischen Rhein- und Mittelfränkisch	82
8. Spuren nd. oder mfr. Orthographie in rheinfränk. Urkunden .	83
III. Ostfränkisch (Gebiet desselben)	83

Zur Kenntnis des Oberfränkischen im 13., 14. und 15. Jahrhundert mit Berücksichtigung der ältesten oberfränkischen Sprachdenkmäler.

Der fränkische Dialekt zerfällt in Nieder-, Mittel- und Oberfränkisch. Letzteres ist von Müllenhoff in der Einleitung zu den Denkmälern einer eingehenden Besprechung unterzogen und auf Grund der ahd. Denkmäler und Urkunden in Südfränkisch, Rheinfränkisch und Hochfränkisch eingeteilt worden. Hochfränkisch nennt er diejenige Mundart, welche man jetzt mit Ostfränkisch bezeichnet. Das hauptsächlichste ostfränkische Sprachdenkmal ist der Tatian, der in Fulda entstanden sein soll. Die wichtigsten Merkmale dieses Dialekts sind, dass germ. *t* zu *z*, desgleichen *d* zu *t*, und mit Ausnahme des Anlauts auch *th* zu *d* verschoben ist. Das Rheinfränkische ist die Sprache der alten Francia Rhinensis mit den Hauptorten Mainz, Frankfurt und Worms. Hauptdenkmal ist der Isidor. Die Dentaltenuis ist vollständig verschoben, nicht aber die Media und Spirans. Südfränkisch nennt Müllenhoff die Mundart südlich vom Wormsfeld bis an die Grenze des Alemannischen. Hauptdenkmal ist Otfrid, welcher das *t* vollständig verschoben hat, während *d* und *th* nur im In- und Auslaute verschoben sind, im Anlaut aber beharren.

Diese Dreiteilung des oberfränkischen Dialekts hat Braune in seiner Abhandlung „Zur Kenntnis des Fränkischen und zur hochdeutschen Lautverschiebung" (PBB. I, 4) umgestossen und an ihre Stelle eine Zweiteilung gesetzt, die — so scheint es — fast allgemeine Annahme gefunden hat (Vgl. Paul mhd. Gr. Einl.; Behaghel im Grundr. der germanischen Phil. I, 538; Weinhold mhd. Gr.[1] § 138 sagt, dass seine Ansicht der Brauneschen sehr nahe stehe). Braune macht gegen Müllenhoff geltend, dass die Gesichtspunkte, nach denen dieser das Oberfränkische einteilt, nicht ganz feststehend seien, da er die Mundarten nur des 9. Jahrhunderts in Betracht ziehe und demgemäss die Spirans *th* zur Dialektsonderung mit zu Hilfe nehme. Da diese später in allen Dialekten in die Media übergehe, so könne sie für die späteren Mundarten keinen Sonderungsgrund mehr abgeben. Nach den Urkunden des 13. und 14. Jahrhunderts lasse sich das Hochfränkische nur in zwei Unterabteilungen zerlegen, nämlich in das

Ostfränkische und Rheinfränkische. Das von Müllenhoff sogenannte Südfränkische sei nur eine Unterabteilung des Rheinfränkischen, denn auch in diesem kommen im Inlaut verschobene *d* vor, sowohl in den Urkunden, wie auch schon bei Isidor. Zum Beweise werden einige Beispiele aus rheinfr. Urkunden angeführt, z. B. aus der Wetterauer Urkunde vom Jahre 1359 (L. III, 593), wo neben *luden, gebode, stede,* auch *syten* erscheine, oder aus der Urkunde des Mainzers vom Jahre 1339 (L. III, 343), wo *gode, radern* neben *hutigen* vorkommt. Dass sich bei Otfrid das Schwanken zwischen *d* und *t* im Inlaut nicht findet, dass er vielmehr die Regel des anlautenden *d* und inlautenden *t* streng durchführt, erklärt Braune (a. a. O. I, 52) nach dem Vorgange Pauls (Gab es eine mhd. Schriftsprache? 1873 S. 26) für eine Willkür Otfrids.

Braune würde aber Müllenhoffs Dreiteilung kaum verworfen und über die Otfridsche Regel anders geurteilt haben, wenn er Urkunden aus der Gegend südlich vom Wormsgau in den Kreis seiner Betrachtung gezogen und sie mit rheinfr. verglichen hätte. Da das bisher auch von anderer Seite nicht geschehen ist, so soll die vorliegende Abhandlung in diese Lücke eintreten. Hauptsächlich sollen die Merkmale des Süd- und Rheinfränkischen behandelt werden, da über den Lautstand des Ostfränkischen keine Meinungsverschiedenheiten vorhanden sind.

Die Hauptunterscheidungsmerkmale zwischen Rhein- und Südfränkisch, die uns in ahd. und mhd. Zeit entgegentreten, sind folgende: 1. Das Rheinfränkische hat die inlautende Dentalmedia unverschoben erhalten, während sie im Südfränkischen verschoben ist. 2. Altes anlautendes *p* ist im Südfränkischen verschoben worden, im Rheinfränkischen nicht. 3. Im Südfränkischen kommen Spuren des unverschobenen *t* nicht vor, wohl aber im Rheinfränkischen.

Rheinfränkisch ist der Isidor.[1] Er hat im An- und Inlaut mit wenigen Ausnahmen *d*, im Auslaut *t*, also:

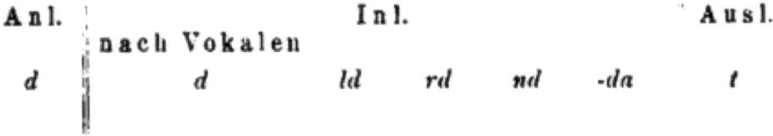

Davon abweichend steht einmal *chileda* neben zwei *chideda,* stets *fater, muoter-, muotes* (neben *odhmuodic* und *ubarmuodic*), einmal *deta* neben *deda,* zwei *dhrato* neben einem *drado,* sehr oft *gotes, gote* neben je einem *godes, gode* — einmal *uuortes* neben *uuordes* — einmal *hapta* 11,13. — dreimal *ziidh* (aber *ziide, ziidi*),[2] zweimal *-wihd* und einmal *-rehd.*

[1] Weinhold, die ahd. Bruchstücke des Tractats des Bischofs Isidorus von Sevilla. Paderborn 1874.

[2] In Weinholds Is. S. 107 soll statt *dodh* adj. wohl *dot* stehen.

Das wichtigste südfr. Denkmal ist Otfrid. Er weicht in der Behandlung des alten *d* wesentlich von Is. ab, denn er hat im

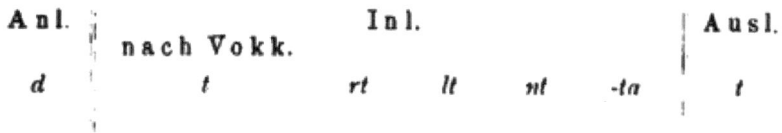

Die wenigen Fälle, in denen anl. *t* steht, führt Kelle[1] II, 492 an. Übersehen hat er *teta* V, 5, 16 (*deta* P), *gitati* IV, 35,12 (*yidati* P), *thuan* IV, 2,81 V und das Fremdwort *tunicha* (neben *dunicha* IV, 14,10). Im Anlaut schreibt O. auch *dr* für germ. *tr*.[2] Nach Braune ahd. Gr. 161, 3 ist in altrheinfränkischen Denkmälern diese Erscheinung selten. Im 11. bis 15. Jahrh. kommt sie oft vor, besonders in *druwen* und *drost*. *Druwen* steht in den ältesten Speierer Urkunden, z. B. S. 218 a. 1302 dreimal, 233 a. 1305 einmal, 300 a. 1316 zweimal, im Friedberger Krist *gedrosta* und *ungedruwen*, in Summa theologiae *drostinti*, *bidrachti*, *drat*, in Drei Jünglinge im Feuerofen *drosti*, im Leben der hl Elisabeth *drost*, *dreden* (aber 2911 *trostlichen*, 1897 *treden*), *druwe* (*truwen* 3378): in einer Urkunde aus Meckenheim v. J. 1353 *druwelos* (HU. III, 1257); Grünberg v. J. 1364 *drad* (HU I, 1364); Frankfurt v. J. 1399 *droste* (M. I, 778); Worms v. J. 1364 *druwenhender* zweimal (W. II, 587). v. J 1392 *droste* 3, aber *truwe* 13 mal (W. II, 966), 1358 *druwe* (W. II. 897), *drost* (W. II. 950), *droste* (HU. III, 1251 a. 1352); Frankfurt *dreden* (KB. II, 13 a. 1330); Heidelberg *druwen* (ZO. 24, 93 a. 1355), *drostunge* (W. II. 1035 a. 1397), Grünberg *drad*, *drat*, *draden* 2 (HU. I, 978 a 1364). Auch weiter rheinaufwärts findet sich aus später Zeit noch ein Zeugnis für die Schreibung *dr*; in der Ordnung der Schlossergesellen zu Freiburg i. B. vom J. 1544 steht natürlich im Anl. stets *t*, nur nicht in *drinken* und *eberdrette* (Progr. des Gymn. zu Freiburg 1879 no 501). S. auch Weinh. mhd. Gr. § 173. — Im Inlaut[3] erscheint bei O. nach Vokalen auch einige Male *d*, am häufigsten in *deda* I, 2, 9 V; I, 5, 12 V; I, 16, 9 VP; IV, 27, 16 VP. Je einmal habe ich mir notiert *odegun* I, 7, 18; *ludentaz* I, 2, 5 P; *drudiu* I. 4, 5 VP, *guades* IV, 26, 21 V. — *ld* erscheint in *githulden* (:*gihalten*) IV, 26, 16 V und einige Male in *managfalte* (Kelle II, 495), wo grammatischer Wechsel vorliegt (vgl. got.-*falps*, an.-*faldr*.) Auch das *d* in den alten -*to*-Participien *drudin* und *ludentaz* lässt sich vielleicht so erklären. — Unverschobenes *d* steht viermal im Part. Praes. und einmal in *undar* I, 5, 54 VF u. *endidagen* IV, 7, 27

---

[1] Kelle, Otfrid Bnd. II, Formen und Lautlehre. Regensburg 1869.

[2] Ausnahmen sind *bitrahton* V, 1, 9, *tradon* III, 9, 9; 14, 24 (neben *dradun* III, 14, 19)

[3] Vgl. dazu Kelle a. a. O. u. Pietsch, der oberfränk. Lautstand im 9. Jahrhundert in der Zeitschrift f. d. Phil. VII, 407.

(*entitagon* F). — Im schwachen praet. steht *-ta*, aber I, 1, 5 u. 6 *ougdun*. — *onda, konda, bigonda* gehen auf germ. *-pa* zurück. — Innerhalb des Verbums ist der gramm. Wechsel ziemlich gut bewahrt. Es heisst *funtun* (einmal *fundun* V, 4, 20 VP) und *funtan*, *uuurtun* und *uuurti* (I, 8, 14 *uuurdi: uuirdi*, ebenso IV, 19, 45); häufiger als *quatun* ist *quadun*, aber immer *quati*; statt *mitun* erscheint *midun* IV, 19, 72. In *ladan* hat O. keinen Wechsel. — *tt* kommt ausnahmsweise vor in *drettanne* I, 4, 46 P. *theganheitti* I, 3, 18 V; *quattun* IV, 4, 18 VP (:*thagtun*), *giquattin* I, 9, 8 (:*scaftin*). sonst erscheint *tt* regelrecht für westgerm. *dd*, aber nicht für *pp*. — Im Auslaut kommt selten eine Abweichung vom *t* vor, so z. B. *rehd* I, 24, 5 V, *walth* V, 16, 19.

Während also Is. u. O in der Behandlung des An- und Auslauts im wesentlichen übereinstimmen, weichen sie im Inl. von einander ab. Bei Is bleibt das alte inl. *d* meist unverschoben, während es bei O Verschiebung erlitten hat. — Wie verhalten sich nun die Urkunden in Bezug auf das *d*? In den südfränkischen finden wir denselben Lautstand wie bei O., nur ist Otfrids *nt* zu *nd* erweicht und im Anlaut erscheint neben *d* häufig *t*. Als Probe führe ich je eine Urkunde aus Weissenburg und Speier an. Die Ziffern hinter den Wörtern zeigen an, wie oft jedes vorkommt.

Weissenburg a. 1327.

Aussteller: Meister und Rat der Stadt (ZO. 21,185).

Anl.	Inl.					Ausl.
	nach Vokk.	*rt*	*lt*	*nd*	*-te*	
dunt	*rate* 2	4mal	1mal	immer	10mal,	stets *t*
dohtere	*mutez*				aber	
dunde	*lute*				*sybenden*	
gedat	*gutern* 3					
vritage	*stete* (adv.)					
Kirzetage	*stette* (gen. sg.) 2					
	bete					
	hetten 6					
	damitte					
	luterlichen					

Speier a. 1302.

Aussteller: Bischof Sigiboto II., vier Speierer Stifter und die Stadt Speier (S. no. 218).

Anl.	Inl.					Ausl.
	nach Vokk.	rt	lt	nd	-te	
tunt	Sigebotte 3	2mal	5mal	immer	9mal	stets t
drinken	gottes 4					
tragen	luten 3					
tun	rate 2					
tage	guten 3					
dechan 2	horestette					
dum	bedensite 4					
osterdag 2	botten 2					
phingestage	raten					
getan 3	stete 2					
dunrestage	bestetigunge					

Die rheinfr. Urkunden stimmen mit Isidor überein in dem *d* im Anlaut, im Inlaut nach Vokalen, in dem *d* nach *n* und im auslautenden *t*. Dagegen erscheint an Stelle von Isidors *rd* und *-da* in den Urkunden *rt* und *-te*, während *ld* nur im südlichen Rheinfranken in *lt* übergegangen, im nördlichen aber bewahrt ist. Beispiele:

Worms a. 1300.

Aussteller: Bischof Eberwin, der Rat und die Sechzehen treffen ein Übereinkommen (W. I, 508).

Anl.	Inl.					Ausl.
	nach Vokk.	rth	lth	nd	-the	
dun 3	godes 2	4mal	10mal	immer	4mal	stets t
dag 5	damilde 2					
deil 2	stede (gen. sg.) 10					
dede 2	rades 2					
dat (subst.) 4	rade 14					
dut	ritder 3					
tagen	raden					
virtdeil 6						

uberdragen 2 einmudig
fritdage 3   gebude
gedan   gebieden
sundage   gude
              crutdes (Unruhe)
              bidet
              stete (adv).

Mainz a. 1311.

Aussteller: Das Albansstift (HU II, 718).

Anl.	In l.					Ausl.
	nach Vokk.	rt	ld	nd	-te	
vngedeilet	gudes	wirten	7mal	immer	wolden	stets t
deilen 2	gebuitdet	wirtden				
deil 2	selgerede	antwortden				
dage	stetde	antworten				

Frankfurt a. 1294.

Aussteller: Der Rat der Stadt (HU. I no. 201).

Anl.	In l.					Ausl.
	nach Vokk.	rt	ld	nd	-te	
duon	lude 2	einmal	6mal	immer	3mal	t,
deile 2	vadir 2					aber:
dage 2	bede 2					Volrad
dunristage	hatte 2					rad
mandage 2						raid
dunrisdage						Frankenvord 2
Dinsdage						hundird

Wir werden sehen, dass nicht blos in diesen drei Urkunden, sondern in sämtlichen rheinfränkischen derselbe Lautstand sich findet. Infolge des Überganges von rd zu rt und -da zu -te im Rheinfränkischen ist in diesen Punkten Übereinstimmung mit dem Südfränk. herbeigeführt. Wann dieser Übergang erfolgt sei, ist nicht genau zu bestimmen. Die Mainzer Beichte, wahrscheinlich um 950 im Albanskloster bei Mainz niedergeschrieben, hat noch überall d (mit Ausnahme des Auslautes) wie Isidor, also dranche, daga, *gedadi, sunnondagu, gode, godes, boden, uncidin, cristanheidi, uuordo, uuachandi, suohda, ereda* etc., nur in *slafanti* erscheint ein *t*, ebenso in *solta* 9 (neben *solda* 2), *irvulta, minnota, gehancti* (neben *gihancdi*), *geburiti* (neben *geburidi*). sodass 5-*da* und 13-*ta* vorkommen. In Mainz wird sich also im 10. Jahrhundert der Übergang von -*da*, -*di* zu -*ta*, -*ti* vollzogen haben.

In der Lorscher Beichte, 882 niedergeschrieben, die anl. *d* und inl. meist *t* hat, stehen 41 -*da*, -*di* und nur 7 -*ta*, -*ti*, im Ludwigslied (um 882), das inl. *d* u. *t* hat, 9 -*da*, und 9 -*ta*. Der Friedberger Krist (12. Jahrh.) hat über 40 -*da*, -*de* und nur 3 *t* in *hettin, hátta* (neben *háda*) und *gloubeter*, ausserdem 1 *dd* in *horddent*. Der etwas später verfasste Arnsteiner Marienleich hat nur (11) -*de*. Dagegen hat das Leben der hl. Elisabeth (vom Ende des 13. Jhrh.) -*te* (aber *wolde* u. *solde* neben *wolte* u. *solte*). Die rheinfr. deutschen Urkk., die am Ende des 13. Jhrh. schon ziemlich zahlreich sind (s. unten) haben -*te*. Während also im südlichen Rheinfranken der Übergang von -*da* in -*te* im 10. und 11. Jhrh. vor sich gegangen sein wird, ist er nördlich vom Main jedenfalls erst im 13. Jhrh. erfolgt. Für den Übergang von *rd* zu *rt* haben wir für den Süden wenige Zeugnisse. In der Lorscher und Mainzer Beichte begegnet je einmal *uuordo*, im Ludwigslied *harto*. Nördlich vom Main muss der Übergang im 12. Jhrh. geschehen sein, denn der Friedberger Krist hat noch *rd*, aber der Arnsteiner Marienleich schon *rt* (*geburte, worte, verworte*), die Erlösung, das Leben der hl Elisabeth und die Urkunden natürlich auch. Da im südlichsten Theile von Rheinfranken auch statt *ld* meist *lt* erscheint, so bleibt für das 13—15. Jhrh. als einziger Unterschied zwischen Süd- und Rheinfränkisch bestehen, dass ersteres nach Vokalen stets *t* oder *tt* zeigt, während letzteres vorherrschend *d* und nur eine kleinere Anzahl *t* hat. Dieser Unterschied ist aber so durchgreifend und macht eine so scharfe Grenze, dass er für ein Merkmal gelten muss, das zwei Dialekte scheidet. Wie durchgreifend er ist, soll eine Vergleichung der Wormser und Speierer Urkunden zeigen. Worms ist der südlichste Hauptort des rheinfränkischen Gebiets und Speier liegt dicht an der Nordgrenze des Südfränkischen. Wir beginnen mit Speier.

Speier.

Die Speierer Urkunden bis 1350 sind in musterhafter Weise herausgegeben von Hilgard; die Urkunden der Bischöfe von Remling, der freilich nicht angiebt, wo er Originale und wo er Kopien abdruckt. Von den bei Hilgard abgedruckten Urkunden habe ich nur die Abdrücke von Originalen benutzt — wie immer auch anderwärts, wo eine diesbezügliche Angabe sich fand — im ganzen sind es dieselben, die auch Nebert, Zur Geschichte der Speierer Kanzleisprache (Halle 1891) benutzt hat, nur habe ich einige weggelassen, von denen nicht ganz gewiss ist, dass ihre Aussteller Speierer waren, wenn auch ihre Sprache zu der der Speierer Urkk.

stimmt.¹) Die Aussteller der unten bezeichneten Urkunden sind in S: der Speierer Rat, der Bischof, das bischöfliche Gericht, die Zünfte und einzelne Bürger; in SR: der Bischof, einzelne Stifter, das Domkapitel, der Prior des Augustiner Klosters. Die Orthographie ist in allen dieselbe, sodass eine Sonderung in Rats-, Bischofs- u. Privaturkunden überflüssig erscheint.

Es empfiehlt sich, zunächst die bis 1330 reichenden Urkunden ins Auge zu fassen, dann die von 1330—1350, zuletzt die übrigen.

1., 1300—1330.

Auslaut. Im Auslaut herrscht *t*, sogar in *eit*. Zweimal steht es auch in *scheitlute* und einmal in *frithore*. *tt* kommt einmal vor in *statt* = Stelle; *td* in *statd, stetd* 11mal, *beretd* 1 neben *beret* (beredet), *geretd* = geredet 2, *gebotd* 2, je einmal in *gestatd* = gestattet und *Sltetzstatd*. *d* steht einmal in *rad* (stm.) und vereinzelt nach *n*.

Im Inlaut steht nach Längen stets *t*, also *rates, rate, raten, beretenlich, Conraten* 65, *gute, guter* (subst u adj.) 32, *stete, stete, bestetigen, bestetigunge, stetikeit* 25, *lüte, lute* 10, ge-, en-, verbieten 9, *mute, einmutikeit, einmuteclich* 5, *riten* 2 und je einmal *erbeiten, igenote, brüten, Rutelingen, Utenheim*. Summa 153. *tt* kommt einmal vor in *stette* (adv) und schon in *mutter* (no. 371 a 1327).

Nach kurzen Vokalen stehen *tt* oder *t*:

gottes 10	*gotes, gots, gotz* 8.
botte, Sigebotte 7	*Sigebote* 4
stette (gen. sg. und pl.) 23	*stete* 7
gebotten 5	*geboten* 7
damitte 3	*damite* 1

Nur *tt* haben *hette* 3, *gebotte* 3, *geritten* 2, *gebetten* 2, *kettenwambeisch* 2, *bette* (Abgabe) 2, *horestette* 1, *gestatten* 1; nur *t* en-, *gebutet* 3, *linweter* 1. Im ganzen 31 *t* und 64 *tt*. Wahrscheinlich wurde im Südfr. die Vokalkürze mit stark geschnittenem Silbenaccent gesprochen, sodass die Silbengrenze sich verschob, indem der Konsonant Dehnung erfuhr in der Art, dass der Anfang des-

---

¹) Benutzt sind: S. no. 218 a. 1302 (s. oben); 220 a. 1303; 225 a. 1304; 233 a. 1305; 263 a. 1310; 278 a. 1313; 280 a. 1314; 282 a. 1314; 291 a. 1315; 297 a. 1315; 300 a. 1316; 312 a. 1317; 328 a. 1323; 346 a. 1323; 354 a. 1324; 355 a. 1324; 371 a. 1327; 395 a. 1330 — 401 a. 1331; 405 a. 1331; 411 a. 1332; 421 a. 1333; 422 a. 1333; 423 a. 1333; 424 a. 1333; 444 a. 1336; 446 a. 1338; 450 a. 1338; 452 a. 1339; 454 a. 1339; 458 a. 1339; 459 a. 1339; 460 a. 1340; 464 a. 1340; 483 a. 1344; 491 a. 1346; 513 a. 1339; 532 a. 1349.
S R. II no. 3 a. 1349 — I no. 594 a. 1351; 648 a. 1371 — II, 20 a. 1402; 9 a. 1404; 40 a. 1414; 47 a. 1419; 54 a. 1420; 60 a. 1422; 75 a. 1424; 80 a. 1429; 83 a. 1429; 88 a. 1430; 93 a. 1431; 106 a. 1439 (no. 108, 109, 111, 112 sind Abschriften von 106); 147 a. 1454; 172 a. 1462; 180 a. 1464; 196 a. 1472; 221 a. 1490; 244 a. 1507; 273 a. 1526; 283 a. 1541; 323 a. 1572.
Str. II no. 240 a. 1303.
HU. III no. 1225 a. 1349.

selben zur ersten, das Ende zur zweiten Silbe gesprochen wurde. — Gegen Ende dieses Zeitraums tauchen einige *td* auf. so a. 1324 einmal *botde* (no. 354) und a. 1330 zweimal *stetde* (urbis). und je einmal *verratden*, *lutde* (*liute*), *gebotden*, *zwelfbotden*. — Stets heisst es *bitten, mitte, dritte, ritter*, aber *luter, Lutenburg, site*. Stets steht ferner *rt*: *worten, geburte, hirte, garten, wingarten, Stucgarten, entwurten, swerte, wirtin, gegenwertigen*, zusammen in 45 Fällen, daneben *th* je einmal in *geburthe* und *rurwarther*. Auch *lt* ist Regel. Es steht 64mal in *gulte, halten, alte, schilte, schelten, geweltigen*, *ld* einmal in *altdeburgetor*, einmal *d* in *werlde* (S. 282 a. 1314). Die Endung des schwachen praet. lautet 111mal *-te*, einmal *-de* in *nande* (S. 328 a. 1320). — *nt* kommt nur vor in *enten* = Enten (S. 282 a. 1314), sonst stets *nd*. — Vom Anlaut wird unten am Ende des zweiten Zeitraums mit die Rede sein.

2., 1330—1350.

Auslaut: *t*. Ausserdem *td* in *statd* 15, *beretd* 11, *geretd* 3. und *d* nach *n* je einmal in *wonend, vallend, tusend, verbundnis*.

Inlaut: *tt* in *gottes* 2, *vatter* 4, *gebetten* 2, *hette* 6, *hiemitte* 1. — *t* in *lute* 31, *rate*, *raten* 53, *gute* 52, *stete* 16, *gotes* 9, *gots* 3, *gote* 3, *ge-*, *enbieten* 7, *hutigen* 3, *-heite* 18, *benoten* (?), *benotigen* 3, *bestetigen* 2, *einmutikeit* 2, *arbeiten* 1, *Hartmute* 1, *bruten* 1, *muter* 1, *myete* 1, *ziten* 2, *lotiges* 1, *demutigen* 1, *gestaten* 1, *einmuteclich* 4. — *td* nach Länge und Kürze: *stetde* 90, *hetde, hatde* 13, *botde* 2, *betde* 9, *gebotden* 4, *gebotde* subst. 3, *ritden* (*riten*) 2, *geritden* 1, *stetde* (adv.) 1, *hovestetde* 1, *vatder* 1, *damitde* 1, *beretdenlich* 1, *gebetden* 2. — Sa. 15 *tt*, 216 *t*, 131 *td*.

Vielleicht trifft man das Richtige mit der Annahme, dass diese *td*, die so zahlreich nur im Südfr. und im Süden des Rheinfr. vorkommen, während sie im mittleren und nördlichen Rheinfränkisch selten sind, eine um diese Zeit eintretende Verminderung der Exspirationskraft bei der Aussprache der *t* und *tt* andeuten. Gelegentlich wird in Speierer Urkunden *td* auch für mhd. *d* gebraucht, z. B. *retder* = mhd. *reder* (S. 460 a. 1340). Unsere Annahme wird dadurch unterstützt, dass in diesem Zeitraum vereinzelte *d* auftreten und zwar je eins in *judescheide* (a. 1333), *bestedigen* und *bestedigeter* (a. 1338), *lude* = *liute* (a. 1339), *stede* (adv.) (a. 1340), *node* (a. 1340) und viermal in *stede* gen. sg. (a. 1340). — Westgerm. *dd* erscheint als *tt*, aber 3mal *bilden* und 1mal *biten* (S. 460) und *silde* 4. germ. *pp* ebenfalls als *tt* in *ettewenne*.

Ausnahmslos steht *rt* 76, oder *rth* 4, *lt* 125mal gegen 3mal *ld* in *gelds, gulde, behalden* (a. 1349); — *-te* weit über 200mal gegen 1 *-de* in *wande* = wähnte (S. 532), 1 *td* in *behesemetden*.[1] — Immer *nd*.

---

[1] S. no. 422 a. 1333 *zugebenne einen behesemeten brief*; ebd. 423 a. 1333 *einen gehesemet brief*.

Anlaut: Während so in dem Zeitraum von 1300—1350 in den angezogenen Speierer Urkunden im Auslaut *t* herrschend ist und im Inlaut nach Vokalen neben 400 *t*, 81 *tt* und 138 *td* nur 10 *d* vorkommen, zeigt uns der Anlaut ein ganz anderes Bild. Im inlautenden Anlaut überwiegt *t* auch bei weitem; es erscheinen 147 *t*. 1 *td* (*fritdage* a. 1327) und nur 16 *d* (*osterdage* 2, *mendage* 3, *sunnendage* 1, *endun* 5, *widerdette* 1, *bisdume* 1, *gedeidingen* 1, *sagdreyer* 1, *samezdage* 1). Aber im reinen Anlaut finden sich neben 192 *t* und 3 *th* (*Thau* O. N. u. *thume*, Dome 2) 228 *d*. Nur *t* erscheint in *teil* 15, *ture* 2, *tor* 3, *Tan* 2, *turn* 3, *tum* 2, *tisch* 2, *triben* 3, *teydinge* 1, *tod* snbst. 1. nur *d* in *dot*, adj. 2, *dotslag* 10, *driffet* 2, *drittel* = tritt 2. *drinken* 3, *doffer* = töufer 1, *deppich* 1, und in den Eigennamen *Demmerer* 2, *zu der Duben* 2, *Dolde* 1, *Dillinger* 1, *Dopf* 1 — *d* und *t* in

dun 86	*tun* 73
dag 69	*tag* 56
dragen 12	*tragen* 13
duch, ducher stm. 10	*tuch* 2
dochter 7	*tochter* 7
dechan 15	*techan* 1

ausserdem *dusent* 1, neben *tusent* 1.

Eine Abnahme der *d* etwa von Jahrzehnt zu Jahrzehnt ist bis a. 1350 nicht zu bemerken. Einige Urkk. haben nur *d* (S. no. 220. 371. 405), andere nur *t* (S. no. 263. 446. 450. 458. 459. 461 HU. III, 1225.), die übrigen *d* u. *t*.

3., 1351—1400.

Die Urkunde vom J. 1351 (SR. no. 594) hat anl. 3 *t*, kein *d*; im inl. Anl. 2 *t*, kein *d*; inl. nach Vokalen: *ratter* 2, *zwelfbotte* 1, — *rate* 2, *gute* 1, *gestabeten* 1, *stête* 1, *gebeten* 1, *bete* 1, 3mal *rt*. 2mal *lt*, 5mal -*te*, stets *nd* und ausl. *t*, aber *Gott*, *stat*, *abend*. Die von 1371 (SR. no. 648) anl. 8 *t*, 2 *d* (in *dechan*), inl. Anl. 2 *t*, inl. *behute* 1, *guter* 1, *rogte* 3, aber *amptlude* 2, 1mal *rt*, 3mal *lt*, stets *nd*, ausl. *t*, aber *tod* (adj.) und *rad* — Auffälligerweise kommt kein *td* mehr vor.

4., 15. Jahrh.

Auch in den oben verzeichneten Urkunden des 15. Jahrh. aus SR begegnet kein *td*. Der Lautstand ist in ihnen folgender. Im **Anlaut** ist *d* seltener. Neben 176 *t* und 9 *th* (in *thor*, *thun*, *gethan*, *ruderthanen*, *thafel*, *thume*) kommen 42 *d* vor, gegen Ende des Jahrhunderts nur noch in *dechan*. — **Inlaut:** 132 *t* in *gots*, *zyten*, *rate*, *lute*, *gute*, *guter*, *gebeten*, *bestetigen*, *stete* (adv.), *hutigen*, bete. raten, vater 1, -heite, wyeter, beiten = warten, luten (verb.), beten, rute, ge-. verbieten, ryten, zwolfboten, muter 2, bute, praet. v. bitten, verhuten; 38 tt in mutter 3, gottes 9, gebetten 3. vatter 5, retter 3, hette 2, stette 3, gebette, Gebet 2, und je einmal sytten = mores, betten = beten, litte, rustatten, bette, Bede, gebotten, botte: 15 d (das letzte a. 1462) in lude 4, Breydenborn 2, rade, bade, bat. hofreide, bereiden, luden 2, läuten. selgerede¹ 2, spreyden; 6 dt in ludte 4, chorhudte, geludtet: th in demuthiglichen, tth in betthe. Betten. Immer heisst es luter, Luterburg, ritter, drytte, capittel, bitten, mittelsten. Ausnahmslos steht rt, lt, -te, nd. —

Auslaut: t, daneben tt in gott, gottlich, statt (subst.), brott, mittwoch, zytt, zyttlich, gebett; th in rath, nothdorfft; dt in stadt, lydt, stundt, landt, wirdt, frundt; td in quitd (a. 1464); d in gehend, werend, tusend, pfund, noid, myed = miete, Bernhard, Reinhard.

5., 16. Jahrh.

Im Anlaut nur t und th (besonders in thun und theil), im Inlaut in allen Stellen tt etwas häufiger als im 15. Jhrh. (z. B. auch in reitten, leutten, gutten, ortten, bewertten), neben t auch th; kein d ausser in nd (aber a. 1572 unter). — Im Auslaut t und dt (kundt, gewandt, handt, sandt, studt, grundt), seltener tt (lautt, forwantt, anstatt), th in verath.

Für Speier gilt also folgendes Schema:

	Anl.	inl. Anl.	Inl. nach Vokk.					Auslaut
1300—1330	d t	t	t tt	rt	lt	nt	-te	t
1330—1350	d t	t	t td	rt	lt	nt	-te	t
1350—1400	t (d)	t	t	rt	lt	nt	-te	t
1400—1500	t (d)	t	t tt	rt	lt	nt	-te	t
1500—1575	t (th)	t	t th tt	rt	lt	nt	-te	t

Nach 1350 ist in allen Stellen des Wortes t vorherrschend. Aber vor 1350 überwiegen die anlautenden d, während im Inlaut bis 1330 gar kein d zu verzeichnen ist und 1330—1350 verschwindend wenige.

Worms.

Die Wormser Urkunden sind bis 1500 herausgegeben von Baur. Hessische Urkunden (Darmstadt 1860 ff.) und noch genauer von Boos, Urkundenbuch der Stadt Worms, das aber nur bis 1400

---

¹ selgerede sogar in einer oberdeutschen Urk. des Markgrafen von Baden. (ZO 24, 454 a. 1391).

reicht. Einzelne finden sich auch anderwärts. Die Aussteller sind der Bischof, der Rat und die Sechzehn, die Stifter, die geistlichen Richter, das Domkapitel, der Official des Domprobstes, der der Probstei zu St. Paul, der Schulmeister zu St. Paul, der Schultheiss und die Schöffen, einzelne Bürger. Die grosse Zahl der Urkunden teilen wir wieder in Gruppen.

1., 1283—1300.[1]

Anlautend stehen 33 *d* in *dunt, dut, du, dede, dat,* zusammen 20, *dage* 7, *day* 2, *dack, deil* 2, *dum* und abgesehen von 2 *turn* ein unsicheres *t* a. 1300: *in ach tagen* (so!), 1287 steht *thusent*. Der inlautende Anlaut zeigt 5 *d* (*gedut, gedan, sundage, überdragen* 2), 2 *th* (*gethan, frithage*) und 12 *td* (*fritdage* 6, *virtdeil* 6). —

Im **Inlaut** stehen nach Vokalen 47 *d*, 2 *t*, 20 *td*, 7 *th* und 3 *dd*. *d* steht in *godes* 5, *yuder* 2, *rades* 3, *geziden, warheide, stede* (adv.) 2, *stede* 12 (gen. sg.), *rade* 14, *raden, einmudig, gebude, gebieden, gude, bidet, stede.* — Die *t* kommen vor in *einmuteclicher* und *gots*, die *td* in *ammetde, lutde, gutde* 2, *steitde* (adv.) 3, *beytde* (*bete*), *besteitdekeit, butden* (Boten), *verbutden, damitde* 4, *crutde.* Sämtliche *th* und *dd* finden sich in der Urk. von 1287 in *sithe, bithe, luthe, rathe, rathes, guthe, stethe* (gen. sg.); *gebudden*, (geboten), *rudde* (Rate), *gudde.* — Immer heisst es *hattin* 3: neben *ritter* 2 steht öfter *ritder* 4. Statt *rt* erscheint immer *rth*: *geburthe, wirthen, rurwerther, uzferthe, geantwurthet*, auch *Marthin*. Nach *l* begegnet 1 *t* (*alter*), 1 *d* (*zwifeldeye*), 2 *td* (*haltden*) und 11 *th* (*gilthe, ungelthe* 3, *halthen* 4, *gehalthen, halthe, gelthen*). Ausnahmslos ist *nl* und -*the* (*wolthe, horthe, rurthe*). Daran schliesst sich *genanthe* 12, aber einmal *gesamneter.*

Auslaut: *t.* Nur in der Urk. v. 1287 erscheinen neben mehr als 50 *t* auch 23 *th* in *rath* 9, *hath, sinth, dunth, gerlayeth, wirth, irreth, frunth, zith, gegith* (giebt), *eith, noth, siczeth, steidekeith, besteidegeth* und 1 *d* in *hand.*

---

[1] Benutzt sind: W. I, 408 a. 1283; 429 a. 1287; 501 a. 1299; 508 a. 1300. — No. 427 u. 428 a. 1287 (Sühne zwischen Rudolf u. Anselm von Drachenfels mit Bischof Simon, dem Kapitel und der Stadt Worms) sind, wie es scheint, nicht Wormser Urkunden. Es fehlt das *th* (besonders in *genante* und *geburte*), das bis 1300 alle Wormser Urkk. aufzuweisen haben. — No. 454 u. 455 a. 1283 (von demselben Schreiber an demselben Tage geschrieben), in welchen Eberhard von Stralenberg, Erwählter von Worms, den Wormsern Rechte erteilt, sind vielleicht in Speier verfasst; vgl. *gottes* 5, *brust*, Mangel, *nunzic, rûret, frunden*. Dass Eberhard bisher im Speierer Bistum sich aufgehalten, geht hervor aus dem Protest, den die Stadt Worms gegen seine Erhebung zum Bischof einlegt, worin es heisst: quia multas dissensiones litigia et conspirationes in ecclesia et civitate Spirensi inter clericos et laicos et contra reverendum patrem proprium vestrum Spirensem episcopum procurastis.

2., 1301—1350[1].

Im Anlaut stehen 123 *d* und 31 *t* und zwar bis 1325 25 *d* und 26 *t* und von 1325—50 98 *d* und nur 5 *t*. Sämmtliche *t* erscheinen nur in den beiden Wörtern *tun* 15 und *tage* 16, *d* dagegen ausser in *dun* und *day* auch in *deil*, *dother*, *dal*, *dreffen*, *dinde*. Der inlautende Anlaut hat 15 *d* und 19 *t* in *dinstage*, *sunnistage*, *pingistage*, *fritage*, *übertragen*, *virteil*, *getan*, *getun* und in dem Fremdworte *betirmet*.

Inlaut: 107 *d*, 63 *t*, 36 *td*, 19 *tt*, 8 *th*, 5 *dt*, 3 *dd*.

d erscheint in *lude* 15, *rade* 15, *gude* 12, *stede* (gen. sg. pl. von *stat*) 12, *stede* (adv.) 7, *bede* 6. *verboden* 4, *geboden* 3, *einmudig* 3, *gudes* 3, *stedekeit* 3, *selgerede* 3, *godis* 2, *radis* 2, *ziden* 2 und je einmal in *gudeme*, *bestediege*, *gereiden*, *raden*, *bedent*, *Conradis*, *riden*, *boden*, *sedeleren*, *gebede*, *bestaden*, *selgerede*, *gebudet*, *beradem*, *stetekride* — *t* in *stete* (gen. sg.) 10, *lute* 7, *stetekeit* 7, *stetekride* 1, *jargezite* 6, *gotz* 4, *gots* 4, *gotes* 1, *stete* (adv.) 4, *einmutig* 2, *guten* 2, *guter* 2, je einmal *bestetegit*, *bestetiegen*, *bescheidenheite*, *ratz*, *rate*, *faters*, *gebute*, *gebeten*, *benoten* und viermal das Fremdwort *sollempniteten* — *td* in *stetde* (gen. sg.) 10, *gotdes* 7, *gutde* 4, *retdern* 3, *damitde* 2, *dabietde* (damit) 1, und je einmal *ichstedde*, *Elzebetden*, *gutdes*, *rietden* (ritten), *Otden*, *Mutdersteder* — *tt* in *stette* (gen. sg.) 8, *stette* (adv.) 3, *damitte* 2, *gottis*, *gutten*, *bestettigen*, *wittue*, *Mutterstetter* 2 — *th* in *luthe* 5, *einmutherlich* 2, *Alheithe* — *dt* in *wydtuwe* 2, *bedte*, *mudte*, *damydte* — *dd* in *stedde* (gen. sg.), *bedde*.

Die 3 *dd* stehen sämtlich in der Urkunde von 1344 (W. II, 344), die 5 *dt* in 3 Urkunden: W. II, 326, 342 und 367. Nur *d* haben die Urkunden von 1303 (25), 1336 (2), 1341 (8), 1342 (1) und die erste von 1349 (3), nur *t* die von 1333 (3) und die erste von 1344 (1). Sonst sind *d*, *t*, *td* u. *tt* mannigfach gemischt, selten fehlt *d* dabei.

So stehen z. B.

1305	5 *d*,	1 *t*,	4 *th*,	7 *td*,	— *tt*
1320	3	4	—	—	1
1338[1]	2	2	—	5	—
1338[2]	2	2	·	4	—
1343	1	4	—	—	4

---

[1] Benutzt sind: W. II, 14 a. 1303. HU. II, 640 a. 1304. W. II, 30 a. 1305; 36 a. 1306; 139 a. 1318; 147 a. 1319. Str. II, 392 a. 1320. W. II, 162 a. 1321; 169 a. 1321; 205 a. 1325; 203 a. 1325; 219 a. 1327; 224 a. 1328; 246 a. 1330. HU. III, 958 a. 1331. W. II, 249 a. 1331. HU. I, 537 a. 1332. W. II, 262 a. 1333. HU. III, 1048 a. 1335; 1068 a. 1336. W. II, 288 a. 1338; 299 a. 1338. HU. III, 1135 a. 1341; 1141 a. 1342. W. II, 326 a. 1343; 327 a. 1343. HU. III, 1163 a. 1344. W. II, 342 a. 1344; 346 a. 1344; 363 a. 1347; 367 a. 1347. HU. III, 1224 a. 1349. W. II, 394 a. 1349; 407 a. 1350.

1347[1]	2 d	— t	th	1 td	1 tt	
1347[2]	2	1	—	1	2,	2dd, 4dt.
1349[2]	1	1	—	—		
1350	1	1	-	—	—	
1321[2]	—	2	1	1	7	
{1318	—	4	—	- -	3	
{1319	2	2	2	3		

Die letzten beiden Urkunden, ausgestellt von den Bischöfen Heinrich u Cuno, sind gleichlautend, nur ist 1318 *gottis* und *gutten* und dafür 1319 *goldes* und *gutden* geschrieben. Die erste Urkunde von 1321 zerfällt in 3 Teile, deren erster und dritter vom Rate der Stadt Worms ausgestellt ist, während den zweiten die geistlichen Richter geliefert haben. Der Lautstand ist folgender:

a)	— d	4 t	1 tt	— td	— th	
b)	13	9	3	4	—	
c)	1	1	—	. .	1	

Immer heisst es *luter, site, dritte, welde, betde* (Bett), nur erscheint neben *bitten* einmal *biden* (1303) und zweimal *bieden* (1321) (1. sg. praes.), neben *mittel mitdelfaste* 2 (1331). Neben *ritter* kommt *ritder* vor, neben *hate hatde, hetde, hadin* und *hede*.

Nach *r* hält sich *th* bis 1325, später erscheint nur noch *rth* in *geburthe* (1330); *d* steht nur einmal in *Eberharde* (1349), *tt* einmal in *vorworttn* (1342). Die Regel ist *rt*. — tth kommt dreimal vor in *halthen*, das letzte 1305. Die Urkunde von 1305 ist in zwei Originalen vorhanden, das eine hat *halthen*, das andere *halten*. Sonst kommt *halten* 9 mal vor, aber auch einmal *halden* (1350) *lt* steht in *geltes* 63, *geltz* 17, *gelte* 3, *gelten* 4, *vergolten, gulte* 22, *malter* 11, *alte* 6 - *ld* in *geldes* 5, *maldir* 11, *unvergulden* — *ltd* je einmal in *geldis* und *altden*. — -*the* wird neben -*te* bis 1306 geschrieben, von da ab nur -*te* (auch in *wolte*) — -*de* einmal in *frade* (1344). Immer steht *virde* (1304. 1341. 1350) und *sibende* (1321.[1] 1325[1]) neben *funfte, sesthe*.

Auslaut: *t*. — Daneben erscheint *d* in *rud* 13, *radgesellen, Conrad* 2, *stad* 16, *sicherheid, gewonheid, phond, Demud, Eberhard, Bertold* — *th* in *besigelth* und *Elsebeth* 4 — *td* in *rutd, statd, Conratd* (alle drei in einer Urkunde).

3., 1351—1400.[1]

Der Anlaut hat 296 *d*, 82 *t*.

d in *dochter* 48, *day* 93, *dun* 94, *deil* 11, *dode* 9, *dodes* 6, *dot* 5, *disch* 5, *drocken* 4, *dal* 3, *duch* 3, *daden* 3, *dede* 2 und je einmal in *dure* (teuer), *dochten*, (taugten), *dreffen, drayen, daufstein, dauffen,*

---

[1] Benutzt sind:
  a. 1351 W. II, 424, 427, 431, 432, 433, 437.
    1352 HU. III, 1247. W. II, 450.
    1353 W. II, 455, 464.

deilen, dor, dreit (trägt); ausserdem in *dechan* und *dum* (Dom). — *t* in *tag* 46, *tun* 9, *teil* 7, *tode* 7, *todes* 3, *Todefisch* 1, *Todengreber* 1, *teilen* 3, *teylunge* 1 und je einmal in *tum, thoter* (Tochter), *treffen, Trayefleisch*.

Der inl. Anl. hat 49 *d*, 128 *t* u. 5 *td*. — *d* in *sonday* 8, *monday* 7, *osterday* 3, *sammes-, samzday* 3, *zweideil* 5, *dritte-, dritdeil* 3, *gedeilt* 1, *Kelberdode* 3, *burgdor* 3, *sugdreger* 3, *Engildal* 2, je einmal *abezudunde, endeden, gedan, Frankendal, leymerdale, Hanendal, Hundal,* und *bischdum.* — *t* in *suntag* 9, *mantag* 7, *lebetage* 11, *samztag* 5, *fritag* 8, *dunnerstag* 2, *dienstag* 6, *phingistage* 3, *palmetage* 1, *fier-*

- 1354 W. II, 471, 472, 476.
  1355 HU. III, 1273. W. II, 482, 483.
  1356 HU. III, 1285, 1288. W. II, 1356.
  1357 W. II, 510, 513.
  1358 W. II, 524, 526, 528, 533.
  1359 W. II, 540, 543.
  1360 W. II, 548, 551, 554.
  1361 HU. III, 1331. W. II, 562, 563, 566, 567, 568.
  1362 HU. III, 1338. W. II, 569, 573, 578, 579.
  1363 HU. III, 1348. W. II, 580, 581, 582, 583, 584.
  1364 W. II, 587, 595, 596, 597.
  1365 W. II, 598, 599, 600, 601, 604, 606.
  1366 W. II, 608, 613, 614, 615, 617, 621, 627, 628, 629.
  1367 HU. I, 660. W. II, 630, 633, 634, 635, 636, 638, 639, 639, 640, 641, 642, 643.
  1368 HU. III, 1384. W. II, 646, 649, 651, 653. HU. III, 1383.
  1369 HU. III, 1382. W. II, 656, 657, 658.
  1370 HU. III, 1394. W. II, 662, 663.
  1371 HU. III, 1399. W. II, 667, 668, 670, 671, 675.
  1372 W. II, 677, 678, 679, 680, 682, 683, 684, 686.
  1373 W. II, 687, 688, 689, 690, 691.
  1374 HU. III, 1414, 1418. W. II, 692, 693, 694, 696, 697, 698.
  1375 HU. III, 1419. W. II, 699, 700, 701, 702, 704, 705, 707.
  1376 HU. III, 1424, 1426. W. II, 712, 713, 718.
  1377 W. II, 721, 727, 728, 729, 731.
  1378 HU. I, 1376. W. II, 734, 736, 737, 742, 743, 744, 754.
  1379 W. II, 761, 763. HU. III, 1441.
  1380 HU. III, 1446, 1447, 1448. W. II, 767, 768, 769, 771, 773, 776, 779, 780, 781.
  1381 W. II, 789, 796.
  1382 HU. III, 1453, 1458. W. II, 808, 809, 810, 811, 812, 813, 814, 817, 818, 819, 820, 821, 823, 827.
  1383 W. II, 829, 831, 833, 834, 839.
  1384 W. II, 848, 849, 853, 854, 855.
  1385 W. II, 860, 861, 862, 865.
  1386 HU. III, 1474. W. II, 869, 883. HU. I, 705.
  1387 W. II, 886, 887, 889, 890, 894.
  1388 HU. III, 1481. W. II, 896, 897, 900, 901, 902, 909.
  1389 HU. III, 1484. W. II, 913.
  1390 W. II, 944, 945, 946, 950, 952.
  1391 W. II, 955, 956, 958, 960.
  1392 W. II, 964, 966, 967, 968, 969, 970, 981.
  1393 W. II, 985, 988, 989, 993, 995.
  1394 W. II, 996, 1009, 1010.
  1395 HU. III, 1502, 1503.
  1396 W. II, 1018.
  1398 W. II, 1045, 1046.

tage 1, *wertage* 1, *zweiteil-*, *-tel* 24, *vierteil*, *-tel* 19, *urteil* 5, *einteil* 1, *geteilet* 1, *herteylet* 1, *halbeteil* 1, *getan* 8, *getun* 3, *burgetor* 3, *kerentor* 1, *uszgetragen* 2 und je ein *Kelbertod, Hanental, getragen, uztrag, antraff*. — *td* in *fritdag* 5 (bis 1355) und *heiltdum*.

Im Inlaut steht nach *n* stets *d*, auch in *sande* (Sankt), ausser in *genante* und *santegraben*. Die Endung des praet. der schwachen Verba lautet *-te*, gewöhnlich auch in *solte* und *wolte*, doch kommt auch *wolde* 2 und *solde* 3 vor. Ausserdem findet sich je einmal *affurde, heyschede, stuboden* (a 1398) und nach 1380 fünfmal *wonde*. Überdies je einmal *retde* und *beretde*. — Ordnungszahlen: immer *rirde* (*rierde*) 9, *nande* 2, *zehende* 7, aber *funfte, sechste, seste, eylfte* — Nach *l* ist *t* Regel, doch erscheint auch eine Anzahl *d*. So stehen gegenüber: *geltes*, (seltener *gelts*, vereinzelt *geltz* 2, *gelez* 4) 234 — *geldes* 24; *gulte* 89 — *gulde* 8; *halten* 12 — *halden* 2; *alte* 27 — *alde* 1; *gelte* 4 — *gelde* 3; *multer* 5 — *mulder* 54; *altern* 1 — *aldirn* 1. Ausserdem kommt *t* vor in *Arnoltis, haltunge, schulter, keltern, multe*, auch in *halte* (Halde); *d* in *guldet, alders, gildet* 5, *td* in *haltden* 7 und *multder* 3. — Fast ausnahmslos steht *rt*: *geburte, worte, antworten, garte*, oft aber auch schon nom. sg. *garten* (dagegen gen. sg. stets *gartes* W. II, 700, HU. III, 1384. 1464. 1302), *wirtin, orte, swerte, warte, sclewerter, selewerterye* (W. II, 587), *gegenwertikeit, -wartikeit, froneferte, wagenferte, Gebeharte, Eberhartes*, sowie in den Fremdwörtern *porte, borte* (W. II, 763), *porter* (W. II, 583), *borter* (W. II. 662, 668, 682, 718, 768, 808, 812, 936, 861), *burter* (W. II, 809) = Pforte, *partie, rismarte* neben *parthie* und *Fischmartte*. Dreimal begegnet *garthen* und einmal *geburde* (W. II, 476), auch *arde, ardeecker*. —

Nach Vokalen:

528 *d*	146 *t*	16 *td*	21 *tt*	15 *dd*
godes 5	*gotes* 7	*gotde* 1	*gottes* 4	*goddes* 1
gode 6	*gots* 10		*gotts*	
	gotz 3		*gotte* 1	
	gote 1			
vader 5	*vater* 5	*vatder* 5	*vatter* 4	
	muter 9	*mutder* 1	*mutter* 1	
			Muttersteder 1	
widewe 2	*witwe* 3	*witdewe* 1	*wittwe* 1	
stede 21	*stete* 3	*stetde* 3		*stedde* 9
(gen. sg.)				
(do) *myde* 10		*domitde* 2		*damidde* 2
spiedal 6	*spetal* 1	*spitdal* 1	*spittal* 2	*spiddel* 1

Mit *tt* und *dd* erscheint *vetter* (*ritter*) 3 — *reddern* 1; mit *tt*
mütter (Salzmütter) und *Jutte*. Neben *erbotten* kommt *gebodden* und
gebodin vor. Mit *td* steht zweimal *Hutde*. Viele Wörter teilen
sich in *d* und *t*:

guder 80	*guter* 9	*Peder* 2	*Peter* 34
guden 15	*guten* 3	*stede* (adv.) 12	*stete* 2
gudes 10	*gutes* 5	*selgerede* 18	*selgerete* 4
guds 1		*hudeyen* 2	*hutiyen* 1
gude 59	*gute* 8	*beraden* 4	*beraten* 1
gudechen 1		*eynmudeclichen* 8	*eynmuteclichen* 1
rades 1	*rats* 1	*mudes* 3	*mutes* 1
lude 136	*lute* 19	*Reymbode* 2	*Reynboten* 1
zyden (*gezyden*) 7	*ziten* 5		

Ausserdem erscheinen mit *t* nur noch der Name *Kaltweter*
und die Fremdwörter *markete* 2, *officialiteten* 2 und *sollempniteten* 5
— mit *d* dagegen *bede* (Gebot, Abgabe) 19, *gebede* 2, *baden*
(baten) 2, *gebeden* 12, *gebyden* 2, *gebode* 2, *gebudel* (Büttel) 2,
rude 12, *Conrades*, *Conrade*, *mude* 2, *armude*, *eynmudig*, *hude*,
stedekeide 2, *stedekeit* 3, *bestedigen* 4, *stediclichen*, *stadehofftig*, *hove-
stede*, *Muttersteder* 2, *lude* (adj.), *lude* (Laute), *ludet* (läutet), *ludunge*,
treden, *dede* 3, *behuden*, *gequidiget* 2, *gelieden*, *winschroder* 2, *hore-
reide* 7, *duden* 3, *gereide* 2, *Diderich*, *cristenheide* 2, *sicherheyde* 2,
friheide 2, *warheide*, *gewonheide*. —

Westgerm. *dd* wird *tt*: *ritter* (daneben dreimal *ritder*), *dritte*
(ein *drithe* W. II, 528), *mitte*, *bette* (Bett), *bitten* (daneben dreimal
biden W. II, 662 u. 966), *luter* (*lutterlichen* W. II, 966), *site* (ein
sitde W. II, 651; *sythte* W. II, 736). Germ. *pp* wird *tt*: *ettewen*,
smitte (W. II, 614.768. HU. III, 1503). Dazu: 22 *hatte*, 69 *hette*,
4 *hatde*, 21 *hetde*, 23 *hade*, 25 *hede*.

Oft erscheinen in derselben Urkunde *d* und *t* neben ein-
ander, z. B.:

	d	*t*	*dd*	*tt* (*hatte*)
W. II, 472	4	3	2 (*damiedde*) (*stedde*)	2
548	4	4	—	—
573	14	3	—	2 (*hatte*, *ritter*)
608	5	4	—	—
HU. III, 1383	4	1	2 (*stedde*)	—
W. II, 701	13	2	—	1 (*bette*)
HU. III, 1448	4	2	—	2 (*rytter*)
W. II, 821	12	2	—	5 (*hatte*, *hette*)
853	9	8	—	—
944	16	5	—	2 (*hatte*, *bette*)
946	3	3	—	— 2 *td* (*hutde*)
966	23	11	—	4 (*hatte*, *ritter*, *spittal*)
981	10	3	—	1 (*ritter*)
1009	11	6	—	1 (*hette*)
1018	7	3	—	1 (*hette*)

Meist steht nur *d*, z. B. W. II, 433, 471. HU. II. 1285, 1288. W. II, 628, 630, 635. 641, 646, 657. 662, 684, 705, 713. 721. 768, 780, 796, 808, 812. 834, 848, 866, 894, 909, 988, 989 — selten nur *t* z. B. W. II, 598 (*Peter* 2, *gutes*), 614 (*Peter*, *guter*), 627 (*selgerete*), 633 (*mutes*, *wolberaten*, *gute*, *guter* 2, *lute* 2, *Peter* 3, aber auch *stetde*) u. 667 (*gutes* 2, *witure*).

Der Auslaut hat *t*. — *d* tritt auf in *stad* 28, *rad* 4, *husrad*. *phund* (*phond*) 10, *genand* 2, *underphand*, *haid* (hat) 3, *geleid*, *gewonheid* 5, *smacheid*, *friheid* 9, *sicherheid* 2, *herlicheid* 3, *vorsichtikeid*, *geginwortikeid*, *warheid*, *gud*, *sted* (steht), *quid*, *sidher* und die Eigennamen *Cunrad* (Conrad) 13, *Wasmud*, *Arnold*, *Demud* 3, *Hiltegard*, *Helmestad*, *Mergestaid*, *Gernstad*, *Grunstad* 2, *Grintstad*, *winkelford* 4, endlich dreimal *sand* (Sankt) und neben *geredt* 3 auch *gered* und *bered* 2. Ausserdem findet sich *Conratd* 2, *phuntt* und *punth*.

4., 15. Jahrh.[1]

Anlaut: 15 *d* in *dag* 11, *dut* 2, *driben* 1, *dum* 1 u. ausserdem immer in *dechan*; 17 *t* in *tag* 7, *teil* 8, *teilung*, *teten*; 12 *th* in *thun*.

Der inl. Anl. hat 26 *t* — *d* nur in *Samszday*, *verdrinken* 3 — *th* in *gethan* 2.

Die letzte Urkunde (v. J. 1469) noch hat im reinen Anlaut 16 *d* neben 3 *t* u. 9 *th*.

Inlaut: *nd*, aber *niemants* 2.

-*te*, auch in *wolte* u. *solte*; aber *beretde*, *gerede*, *gerette* — ausserdem *hette* 8, *hatte* 1, *hatde* 1, *hedte* 1 u. *hade*.

lt in *halten* 8, *malter* 3 und *alter* 1.

rt in *worten* 2, *garten* 3, *pforte* und *forter* (*furter*) 4.

Nach Vokalen: 21 *d*, 20 *t*, 11 *tt*, 3 *td*. *d* in *lude* 8, *staden* 2, *gebode* 2, *leidenn*! 2, und je ein *hude*, *Steden*, *Rede*, *bede* (bäte), *leidung*, *gebudet*, *oreidenn* 4. Noch in der letzten der benutzten Urkk. stehen 8 *d* neben 4 *t* und 5 *tt*. — *t* in *lute* 7, *Rate* 3, *Rete* 4. *zyten* 2, und je ein *bereyten*, *gebutenn*, *eyts*, *gebute* — *tt* in *gebotte* 3, *gebotten*, *vatter*, *retter*, *zettel* 2, *geschnitten*, *gelytten*, *gebetten*. — *td* in *Stetde* 3. Immer *bitten*, *dritte*, *luter* und *syte* (einmal *sytte*).

Auslaut *t*, auch *eyt*, aber einmal *eydstat* — *d* in *gegenwertikeid*, *fruntlichkeid*, *friheid*, *gewonheid*, *Rad* 2, *sind* und *handwergke* (neben *hantwergs*) — *tt* in *gepurtt*, *hatt*, *statt* 4, *verhortt*. *Statt* — *dt* in *Stadt* 4, in *beredt* 2 (neben *beret*) — *td* in *beretd*.

Für Worms gilt also folgendes Schema:

	Anl.	inl. Anl.	nach Vokk.	nach *r*	nach *l*	nach *n*	Ausl.
13. Jahrh.	*d*	*td d*	*d td* (*th*)	*rth*	*lth*	*nd*	-*the*	*t*
1300—1350	*d* (*t*)	*t d*	*d t td* (*tt*)	*rt*,*rth* *lt* (*ld*)		*nd*	-*te*(*the*)	*t* (*d*)
1351—1400	*d* (*t*)	*t* (*d*)	*d t*	*rt*	*lt* (*ld*)	*nd*	-*te*	*t* (*d*)
15. Jahrh.	*td*(*th*)	*t*	*d t tt*	*rt*	*lt*	*nd*	-*te*	*t*

---

[1] Benutzt sind: HU. IV, 18 a. 1404; 63 a. 1418; 127 a. 1433; 178 a. 1454; 202 a. 1466; 203 a. 1466; 210 a. 1469.

Im Inlaut nach Vokalen finden sich demnach
in Speier
im 14. Jahrhundert: 406 *t*, 138 *td*, 82 *tt*, 13 *d*;
im 15. Jahrhundert: 132 *t*, — *td*, 38 *tt*, 15 *d*, 6 *dt*, 1 *th*, 1 *tth*;
im 16. Jahrhundert: *t* und *tt*;
in Worms
im 13. Jahrhundert: 47 *d*, 2 *t*, 20 *td*, 7 *th*, 3 *dd*;
im 14. Jahrhundert: 635 *d*, 209 *t*, 52 *td*, 40 *tt*, 8 *th*, 5 *dt*, 18 *dd*;
im 15. Jahrhundert: 21 *d*, 20 *t*, 3 *td*, 11 *tt*.

Zieht man nur die *t* und *d* in Betracht, so kommen in Speier auf 1 *d* im 14. Jahrh. 31 *t* und im 15. Jahrh. 9 *t*, während in Worms immer auf 1 *d* im 13. Jahrh. $1/_{23}$ *t*, im 14. Jahrh $1/_3$ *t* und im 15. Jahrh. 1 *t* kommt. Ein weiterer Unterschied in den Speierer und Wormser Urkunden ist der, dass in ersteren stets *lt* steht, während die letzteren im 14. Jahrh. eine stattliche Anzahl von *ld* neben *lt* aufweisen (514 *lt* und 117 *ld*). Ferner steht in Speierer Urkunden im Auslaut *t*, in den Wormser auch eine beachtenswerte Minderheit *d* daneben, besonders in -*nd*, *stud*, *rad*, -*heid*. — Im Anschluss hieran mag erwähnt werden, dass für *a*, *â* — *o*, *ô* — *u*, *û* in Speierer Urkunden niemals *ai*, *oi*, *ui* geschrieben ist, was aber in den Wormser sich öfter findet, z. B. *Meryestaid* (W. II, 640 a. 1367, *haid* 622 a. 1370; 696 a. 1374, *oisterday* HU. III, 1383 a. 1368, *doit* W. II, 848 a. 1384 887; a. 1387, *noit* HU. IV, 18 a 1404, *ruit* 127 a. 1433, *hayt* = hat W. II, 981 a. 1392 u. s. w., und dieser Unterschied geht durch die süd- und rheinfränkischen Urkunden hindurch.[1]

Dagegen findet sich das im Rheinfränkischen[2] und Mittelfränkischen häufige *bit* (mit) vereinzelt auch in Speier, vergl. S. no. 441 a. 1336.

Nun könnte man mir einwenden, dass sich zwar ein Unterschied in der Behandlung des alten *d* im Inlaut nach Vokalen in den Speierer und Wormser Urkunden nicht verkennen lasse, dass aber dieser Unterschied nicht wesentlich sei, weil sich ja in Worms nicht nur *d*, sondern auch *t* finde, wenn auch die *t* in der Minderzahl seien. Darauf ist zu entgegnen: Wenn es sich nur um einen Zufall handelte, so müssten doch unter den Speierer Urkunden zufällig auch solche sich finden — wenn auch nur einzelne — die eine Mehrheit von *d* haben, oder wenigstens eine erhebliche Anzahl derselben. Das ist aber nicht der Fall, und zwar ist das nicht blos in den Speierer Urkunden nicht der Fall, sondern überhaupt in allen südfränkischen nicht, wie sich aus dem Folgenden ergeben wird.

---

[1] Aber aus Schwaben kann ich wieder ein Beispiel anführen ZO. 21,385 *teide* (Bebenhausen bei Tübingen, 14. Jahrh.)

[2] Auch in Hessen, z. B. HU. I, 1215 a. 1393 (Giessen); WH. II, 453 a. 1323 (Marburg); in Marburger Urkunden oft *betalle*.

I., Südfränkisch.

Das südfränkische Sprachgebiet, welches im Süden vom Alemannisch-Schwäbischen, im Osten vom Ostfränkischen und im Norden und Westen vom Rheinfränkischen begrenzt wird, zerfällt in eine östliche und eine westliche Hälfte mit dem Unterschiede, dass in der westlichen das anlautende *d* bis ins 15. Jahrhundert sich hält, während es in der östlichen bereits im 14. Jahrhundert in *t* übergeht.

1., Westliches Gebiet.

Anl. *d* + *t*, inl. *t*, ausl. *t*.

Ausser S p e i e r und W e i s s e n b u r g gehören hierher:
K l i n g e n m ü n s t e r, SO. v. Annweiler (ZO. 20,312 a. 1304.)

d*und* 2	*gottes*	-rt-	-lt-	-nd-	-te,	t,
d*age*	*gotz*				aber	aber
d*ruwen* 2	*guten* 4				*vierde*	-nd
	loetiges 2					
	gutern 2					
	lute 2, *stete* 2					

Ebenso D a h n a. d. Lauter, zwischen Weissenburg und Pirmasens (ZO. 19, 187 a. 1288).

Rechts vom Rhein G o c h s h e i m O. v. Bruchsal (ZO. 24,318 a. 1316):

d*un*	*guter*	3 -rt-	3 -lt-	-nd-	-te	t
d*ut*	*bete* 6					
d*aye* 8	*stete* (gen. sg.) 2					
d*eil*	*verbiete*					
Michaelsd*aye*	*stete* (adv.)					
	gotes					

Nur in den beiden Eigennamen *Cunraden* und *Hartmuden* hat sich das alte *d* erhalten.

P f o r z h e i m, nahe an der Südgrenze des Südfränkischen. Es hat in- und auslautend in allen Stellungen *t* oder *tt*, aber im Anlaut begegnen noch im 14. Jahrhundert zahlreiche *d*, so ZO. 24,112 a. 1322 1 *d*, 1 *t*; 389 a. 1357 2 *d*, 1 *t*; 360 a. 1379 5 *d*, 9 *t*; 362 a. 1384 2 *d*, 3 *t*. — R a s t a t t dagegen, das auf der Sprachgrenze liegt, hat 1370 überall *t* (Weist. I, 438 ff). Die Urkunden des M a r k g r a f e n v o n B a d e n, die schon jenseits der Sprachgrenze geschrieben sind, zeigen anl. immer *t* (vgl. Str. II, 408 a. 1321; ZO. 24,451 a. 1369; 453 a. 1373; 454 a. 1391).

2., Östliches Gebiet.

Anl. *t*, inl. *t*, ausl. *t*.

Hierzu gehört Wimpfen.[1]

Im Auslaut herrscht *t*. Nur die Urkunde von 1291 hat *th*, die von 1525 3 *t*, 2 *dt*, 1 *tt*, in der von 1306 kommt einmal *Gerhard* und 1334 *Engelhard* vor. — Inlautend stehen 68 *t*, 2 *th* und je ein *tth* (*ritther*), *tt* (*gottes*), *td* (*Otdenheim*) und *d* (*rude* a. 1424). — Im Anlaut haben von 1306 ab alle Urkunden *t* und zwar 47 mal, sogar einmal *techan* (a. 1352) neben *dechan* (a. 1351). *d* kommt 2 mal nur im inlautenden Anlaut vor in *Paulsday* (a. 1366) und *sundays* (a. 1525), *th* in *rssthun* und auch in *thal*. In der Urkunde von 1291, welche vom Landvogt zu Wimpfen zu Gunsten Wimpfener Bürger ausgestellt ist, steht aber noch anlautendes *d* inlautendem *t* gegenüber:

dun 2	*state*(adv.) 3	3 -*rt*-	4 -*lt*-	-*nd*-	-*te*	*t*
daten	*luten*			(1 -*the*)		*und*
dage	*heten* 2					6 *th*
Dinstage	*ruthen*					
tusent	*ritther*					

Für Wimpfen muss also als Schema aufgestellt werden:

	Anl.	inl. Anlaut	inl. nach Vokk.	Inl.				Auslaut
13. Jahrh.	*d*	*t*	*t*	-*rt*-	-*lt*-	-*nd*-	-*te*	*t*, *th*
14. Jahrh.	*t*	*t*	*t*	-*rt*-	-*lt*-	-*nd*-	-*te*	*t*

Auch Weinsberg hat von 1303 ab an allen Stellen des Wortes *t* (HU. I, 327 a. 1303; 532 a. 1330; 582 a. 1344; 605 a. 1350).[2]

Dasselbe gilt von Wiesloch. Eine Urkunde aus der Gegend von Wiesloch vom Jahre 1363 (ZO. 20, 178) hat anl. und inl. *t*.

Im 15. Jahrhundert haben überall *t*: Mosbach (ZO. 19, 138 a. 1452) und Siglingen a. d. Jagst (Weist. I, 442 a. 1473).

Auf der Grenze zwischen Süd- und Ostfränkisch liegt Öhringen, das schon im 13. Jahrhundert im Anlaut *t* hat (Wirtemb. Urkundenb. V, 1251 a. 1253 *tut* 2, *tages* 2, *tun* 5, *tode*, *tac*, *ture* 2, *getan*, *zweiteil*, *vierteil*, *dritteil*, *cruddisch*). Es ist also in Südfranken die Verdrängung des anl. *d* durch *t* zuerst im Osten erfolgt und

---

[1] Benutzt sind: HU. I no. 199 a. 1291; 337 a. 1306; 345 a. 1309; 367 a. 1316; 381 a. 1322; 535 a. 1322; 541 a. 1334; 604 a. 1349; 610 a. 1351; 611 a. 1352; 635 a. 1358; 640 a. 1359; 658 a. 1366; 661 a. 1368; IV no. 92 a. 1424; SR. II no. 269 a. 1525.

[2] Eine Weinsberger deutsche Urkunde aus dem 13. Jahrhundert konnte ich nicht finden.

von da nach Westen und Nordwesten fortgeschritten. Die nördlichsten Punkte des Südfränkischen sind Siglingen, Mosbach, Speier, Klingenmünster und Dahn. Was weiter nördlich liegt, ist rheinfränkisch. Ob Zweibrücken und Saarbrücken noch südfränkisch sind, kann ich nicht entscheiden. Zweibrücken hat zwar südfränkischen Lautstand in folgenden zwei Urkunden:

HU. I, 546 a. 1335.

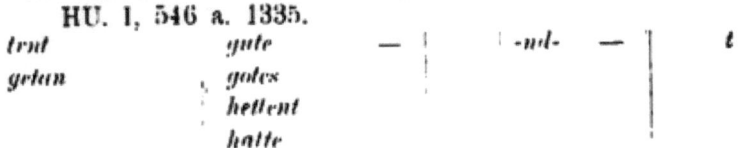

SR. I, 621 a. 1364 (Hermann Graf von Zweibrücken und Bitsch verzichtet zu Gunsten Eberhards von Randeck, des erwählten Bischofs zu Speier, auf gewisse Forderungen).

dun	lute	-rt-	—	-nd-	-te	t,
day	heutigen					3 dt
tun	zwolfboten					
gethan	luter					

Aber einmal ist die erste Urkunde etwas kurz und die zweite zu Gunsten eines Bischofskandidaten gegeben, und zweitens giebt es eine Zweibrückener Urk. v. J. 1295 (ZO. 19,192), die *luthe, godes* und *widewe* hat.

Saarbrücken wäre der westlichste Punkt des südfränkischen Sprachgebiets. Ich kann jedoch leider nur eine Urkunde für Saarbrücken anführen, und diese ist ausgestellt zu Gunsten des Deutschordenshauses in S. Die Deutschordenskanzleien weichen aber von der landesüblichen Orthographie bisweilen bedeutend ab. So hat eine von der Deutschordenskanzlei in Mainz ausgestellte Urk. v. J. 1345 (HU. III, 1184) nach oberdeutscher Weise bereits dreimal *pfunt*, während in Mainzer Schriftstücken anl. *pf* sonst erst in den beiden letzten Jahrzehnten des 15. Jahrhunderts erscheint. Ferner haben die von den Deutschordenshäusern in Plauen, Reichenbach und Adorf im Vogtlande oder zu deren Vorteil ausgestellten Urkunden das neue *ei, au* und *eu* 60 Jahre früher als die von den Vögten, Klöstern und Edelleuten ausgestellten vogtländischen Urkunden.[1] Möglicherweise kommt auch in unserer Saar-

---

[1] Deutschordens-Urkk. mit *ei, au, eu.*

Mitteilungen des Altertumsvereins Plauen i. V.

I, 51 a. 1274 (schon 42 neue Vokale neben 41 alten.)

II, 196 a. 1317.
217 a. 1323.
276 a. 1328.
277 a. 1328.
280 a. 1328.

III, 314 a. 1332.
317 a. 1333. Nach 1333 erscheinen die neuen Vokale in allen vogtl. Urkk.

Andere vogtl. Urkk. mit *i, û, û.*

II, 161 a. 1306.
187 a. 1315.
191 a. 1316.
287 a. 1328.
III, 318 a. 1333.

brückener Urkunde die strenge Durchführung des inl. *t* auf Rechnung der Deutschordenskanzlei. Doch widerspricht dieser Annahme wieder das *d* im Anlaut:

H. p. 189 a. 1325.

dun	*ritter*	-rt-	-lt-	-nd-	- -	*t*
dochter	*hette*					
dage 2	*luten*					
	stete (adv.) 2					
	gebeten					
	beten					
	gotes					

Metz[1] ist sicher rheinfränkisch (Zs. des bergischen Geschichtsvereins VII, 175 a. 1441):

dages	*gebiedent*	-rt-	-lt-	-nd-	-te	*t*
deill	*gode*					
dun 2	*godis*					
daye	*lude* 10					
gedain	*tzyden* 5					
gedan 2	*gebeden*					
antreffen	*mittag*					
	übermittes					
	Peter					

Rheinfränkisch sind ferner: Hornbach SO. v. Blieskastel (ZO. 21,323 a. 1343 *luden, guden, stede, stetekeide, gebeden, bede, gots, ritter*): Annweiler NW. von Klingenmünster (ZO. 21,325 a. 1345 *guder, stede* 2, *beyde* = Bede, *gots, hetten*): Landau (ZO. 21,178 a. 1319 *lude* 3, *stede* (gen. sg.) 2, *stede* (adv.), *bede, gutes,* -rt-, -lt-, -te: ebd. 21,186 a. 1328 *gute* 2, *gotz, botte, stede* (gen sg.) 2, *stede* (adv). *luthe, bethe, hetten*; ebd. 20,399 a. 1422 *side, site* 3, *stette, betde, hoffereyde* 4): Weingarten zwischen Landau und Germersheim (ZO. 19,314 a 1303 *hade, godes, lute, lude*): Neustadt (ZO. 21,183 a. 1327 *entleden, gotdez, selgerede, ratter* 2, *mutter* 2; SR. I, 679 a. 1399 *lute, lude* 3, *guter* 2, *gute, gude* 2, *gote, gotes* 7, *gots* 4, *steten, stetiges, guts, gebudet, bede* 4, *rades* 7, *hoffereide, behute, stede* 4, *gebeden, gestaden, stetigkeit*): Meckenheim b. Deidesheim (HU. II, 721 a. 1311 2 *t*, 4 *d*; ebd. III, 1257 a. 1353 3 *td*, 2 *d*); Ellerstadt O. v. Dürkheim (ZO. 21,334 a. 1359 2 *t*, 4 *d*); Wachenheim (W. II, 841 a. 1383); Kloster Eusserthal (ZO. 21,181 a. 1325): das Kloster auf dem Donnersberge (SR. II, 231 a. 1499; 245 a. 1508, wo noch

---

[1] Metz hat *beschyt* = mhd. *beschehen*. Im Rheinfr. ist diese Form des Particips selten: *geschet* H. p. 110 a. 1316 (Wildgraf), *geschiet* G. III, 275 a. 1311 (Sponheim), ausserdem einige *geschiet* bei Herbort v. Fritslar (s. mhd. Wb.)

4 *d* neben 3 *t* und 4 *tt*); Theisbergstegen b. Cusel (ZO. 21, 321 a. 1337). Nördlich von Speier überschreitet die Grenze zwischen Rhein- und Südfränkisch den Rhein, lässt Heidelberg nördlich liegen, wendet sich über Dilsberg bei Neckargemünd (ZO. 26,63 a. 1425), überschreitet südlich von Eberbach den Neckar und geht in östlicher Richtung nach der Grenze des Ostfränkischen. Heidelberg liegt dicht an der Grenze, ist aber schon rheinfränkisch. Zwar sind die Heidelberger Urkunden, welche inlautend nach Vokalen nur *t* haben, ziemlich zahlreich (14. Jahrh.: G. III, 55. 663. 664. HU. I, 665; III, 1293. 1451. 1475. S. no. 350. W. II, 922. 1035. — 15. Jahrh.: HU. IV, 101. 145. 155. 168. 181. 244. 275. SR. II, 28. 32. 62. 165. 168. 170. 171. 188. 197. ZO. 21,201. 202. G. IV, 122. 132. 216), aber daneben kommt auch eine stattliche Anzahl mit *d* und *t* vor (14. Jahrh.: G. III, 472. 656. L. III, 643. HU. III, 1500. SR. I, 668. W. II, 637. 717. 730. ZO. 24,93. — 15. Jahrh.: Urkundenbuch der Vögte von Weida, Gera und Plauen II, 453. HU. IV, 180. 182. 231. 237. L. IV, 175 G. IV, 137. SR. II, 10. 16. 33. 169. 178). Die Nähe der Grenze macht sich aber darin bemerkbar, dass die *d* immer in der Minderzahl bleiben und dass keine Urkunde vorkommt, die nur *d* hat.[1] — Auch Hirschhorn a. Neckar ist rheinfränkisch. Noch im 15. Jahrh. sind die *d* zahlreich (HU. IV, 86 a. 1422 *gots, lute* 4, *gerettern, stette — hude, lude* 2, *gude, gebieden, gestaden;* desgleichen IV, 90 a 1424; 95 a. 1448; 193 a. 1461; 218 a. 1472, während IV, 24 a. 1406 und 265 a. 1491 nur *t* oder *tt* haben).

Die Südgrenze des Südfränkischen geht — wie bekannt — über Ludwigsburg und Hirschau a. d. Nagold nach der untern Murg. Links des Rheins wird sie vom Sauerflüsschen gebildet.[2]

Otfrids Krist ist im westlichen Teile Südfrankens entstanden. Es kann daher keinem Zweifel mehr unterliegen, dass Otfrids Schreibung *d* im Anlaut und *t* im Inlaut der Orthographie und mithin doch auch den Lautverhältnissen seines heimatlichen Dialektes gemäss war und dass nicht eine willkürlich gemachte Regel ihr zu Grunde liegt. Auch andere Denkmäler befolgen die südfränkische Regel des anl. *d* und inl. *t*, nämlich:

1. Die Pfälzer Beichte, welche im Anl. 2 *d* hat, im Inl. 21 *t*, aber auch 2 *d* in *godes* neben *gote* (vgl. got. *gupa-* und *guda-*).

2 Die vier Gedichte, welche in der Vorauer Hs. und zwar in der zweiten der einverleibten Hss. enthalten sind: Summa theologiae, das Lob Salomons, drei Jünglinge im Feuerofen und Judith (MSD² 34—37). Müllenhoff hält die 4 Gedichte

---

[1] Die vom Pfalzgrafen Ruprecht in Heidelberg ausgestellte Urkunde vom Jahre 1349, welche W. II, 637 abgedruckt ist, hat ausschliesslich *d*, aber sie ist eine Wormser Abschrift aus dem Ende des 15. oder Anfang des 16. Jahrh. (s. Vorwort VIII).
[2] Genaueres über die Grenze zwischen Südfränkisch und Alemannisch bei Weinhold, alem. Gr. Einl. — Kauffmann, Gesch. der schwäb. Mundart. — Socin, Strassburger Studien I, 261.

für mitteldeutsch (MSD.² 414). Vogt bestimmt ihre Heimat näher, indem er sie für fränkisch erklärt (Grundr. der germ. Phil. II, 248). Sie sind in der That fränkisch und zwar südfränkisch.[1] In **Summa theol.** zähle ich im Anl. 30 *d*, 1 *t* (*tiuri*) und 1 *th* (*thuril*). Auch im inl. Anl. überwiegt *d*; doch kommt *urthel, gitan, abitrunniger* vor. Im Inl. stehen nach Vokalen 48 *t* (in *rater, gotis, guoten, wisheite, giboti, siti, breitoti, luiti, leitin, lutirlichi, bitin*), 1 *tt* (*luttirlichi*), 1 *d* (*midi*) und 3 *dd* (*middi, middilanc, meddimin*); ausserdem 2 -*rt*-, 14 -*lt*-, 22 -*nt*-, daneben 1 -*nd*- (*undi*), 32 -*te* (aber 1 *woldi* neben *woltis*). Im Ausl. herrscht *t*; nur kommen 11 *mid*, 2 *sith* und je einmal *bruth, cirrith, geschidiz* und *dud* vor. — In den andern drei Gedichten ist der Lautstand folgender:

	Anl.	inl. Anl.	nach Vokalen	-rt-	-lt-	-nt-	-te	Ausl.
Lob Salomons	13 *d* 5 *t*	1 *d* 10 *t*	16 *t* 1 *d* *medii* = *Meters*	3 -*rt*-	3 -*lt*-	3 -*nt*-	10 -*te*, aber *bigondi*	*t*, aber 5 *mid*
Drei Jünglinge	4 *d* —	1 *d* 1 *t*	7 *t* 2 *tt* 1 *th* *rettin luithin dretti* (läuten)	2 -*rt*-	1 -*lt*-	1 -*nt*-	12 -*te*	*t*, aber 3 *mid* 1 *luth*
Judith	7 *d* 1 *t*	1 *d* 1 *t*	15 *t* 3 *tt* *hetti betti* = *betete* 2	2 -*rt*-	3 -*lt*-	3 -*nt*-	1 -*te*	*t*, aber 2 *mid* 1 *sith* 1 *bruthlouft*

Ob die kleinen Abweichungen in diesen Gedichten mundartlicher Natur sind, wie Müllenhoff annimmt, ist nicht leicht zu entscheiden. Mir wollen sie zu gering erscheinen, um aus ihnen den Schluss ziehen zu können, dass die Gedichte in verschiedenen Gegenden entstanden seien. Die Übereinstimmungen dagegen sind bedeutend. Da im Lob Salomons je einmal *playen* und *plichti* vorkommt, so ist wohl anzunehmen, dass dieses Gedicht in Speier entstanden ist, wo noch heute im Anlaut *p* gesprochen wird.

Der Weissenburger Katechismus soll eine „auffallende Ausnahme" von der südfränkischen Regel bilden (Pietsch a. a. O. VII, 409), da von einem Unterschiede zwischen An- und Inlaut „keine Spur" sei (Braune in PBB. I, 52). Braune zählt 25 alte *d* und 81 *t*, Pietsch anl. 20 *t*, 9 *d*, inl. 61 *t*, 59 *d*. Die Abweichungen des WK. von O. sucht Pietsch durch die Annahme eines oberdeutschen Schreibers zu erklären. Ich bin zu der Ansicht gelangt, dass der WK. im Anlaut, im Inlaut nach Vokalen und im Auslaut mit O. übereinstimmt. Ja, man kann die Übereinstimmung in gewissen Beziehungen sogar auffällig finden. Der WK. hat im Anl. stets *d*, nur nicht in den drei Wörtern *truhtin, toot* (adj.) und *truncali*, und O. hat ebenfalls stets *d*, nur nicht in den Wörtern *druhtin* und *tod* (subst.); *truncali* kommt nicht vor. *truhtin*

---

[1] Jetzt sehe ich, von Herrn Prof. Sievers aufmerksam gemacht, dass J. Meier sie für rheinfränkisch (im Sinne Braunes) erklärt. PBB. 16,94 f.

erscheint im WK. nicht weniger als 14 mal; sonst ist *diufles, dago, due, duat, dage, diuridha, datun* 2 mal vorhanden. Bei O. schwankt die Schreibung des Wortes *truhtin* und zwar in der Art, dass die verschiedenen Schreiber anfangs fast immer *druhtin*, später aber auch öfter *truhtin* setzen. Im 1. Buche schreiben alle Hss. *druhtin* (52 mal), auch F, die nur zweimal *thruhtin* (9,5; 24,20) und gegen das Ende zweimal *truhtin* (25,13; 28,1) hat. Im zweiten haben P und V *druhtin*, F 43 *truhtin*, 9 *druhtin* und 8 *thruhtin*. Im dritten ist das Verhältnis im ganzen dasselbe, nur überwiegen in F die *t* noch mehr. In den beiden letzten Büchern hat F überwiegend *t*, was natürlich nichts beweist, da der Schreiber ein Baier ist, der seiner heimischen Orthographie immer stärker Eingang verstattet; aber auch V und P haben oft *t*, so V 1V, 26, 28 *truhtin*, 1V, 26, 16 *thruhtin*; P 1V, 33, 21 *truhtin*, ebenso 1V, 35, 22; 37, 39, 44; V, 3, 3; V und P 1V, 27, 10; 31, 19. 21. 27. 29; 33, 13; 34, 10. 11; V, 25, 47. In V ist V, 6, 68 *thruhtin* und V, 7, 29 *truhtin* in *druhtin* geändert. So sehen wir, dass V und P, die in allen andern Wörtern durch alle 5 Bücher anl. dr bewahren und sogar germ. tr durch dr wiedergeben, mit *truhtin* eine Ausnahme machen.[1]
— Das Adj. *dot* scheidet O. vom Subst. *tod*. Im Adj. schreibt die Hs. V anl. 15 *d*, 2 *d* in *t* korrigiert; P 15 *d*, 2 *t*; F 2 *d*, 15 *t*; im Subst. hat V 25 *d* in *t* korrigiert, 24 *d*, 21 *t*, 4 *d* mit überschriebenem *t*, 1 *th* in *t* korrigiert, ausserdem 1 *gothes* (II, 12, 66), das erst in *dothes* und dann in *tothes* geändert worden ist; P 56 *t*, 20 *t*, 1 *th*; F 73 *t*, 2 *t* (darunter einmal verschrieben *doch* 1V, 5, 47), 2 *th*.[2]
— Im WK. kommt nur das Adj. vor und zwar je einmal *toot, tootem, totem, tote* und *doodem*. Wie bei O. das *t* in *tod*, so läuft im WK. das anl. *t* in *tot*[3] der Orthographie des Denkmals zuwider. — Lässt man *truhtin* und *tot*, deren Schreibung schwankend ist, sowie *truncali*, das sogar im Rheinfränkischen ausnahmsweise mit *t* geschrieben wird,[4] ausser Betracht — was man m. E. thun muss, um zu einem richtigen Ergebnis zu gelangen — so stimmt im Anlaut O. mit dem WK. ganz überein.

Der inl. Anl. hat im WK. 1 *d* (*ardeilenne*) und 6 *t*: *giterian*, welches Wort auch O. öfter mit *t* schreibt (vgl. I, 4, 27; 1V, 26,

---

[1] Mit *truhtin* macht auch das rheinfr. Ludwigslied eine Ausnahme, indem es zweimal *truhtin*, sonst aber im Anl. kein *t* hat, sondern nur *d* (*duon, dot, giduot, gideilder, biduuungan*).

[2] Es ist möglich, dass O. die Unterscheidung zwischen *tod* und *dot* willkürlich gemacht hat. Doch mag erwähnt werden, dass auch die oben angeführten Speierer Urkunden das Subst. *tod* und das Adj. *dot* schreiben, dass sich ferner in einer Wormser Urkunde v. J. 1392 (W. II, 906) dieselbe Unterscheidung findet: adj. *dot* 2, subst. *todes* 2, *tode* 1 — und dass in friesischen Quellen statt *dath* (tot) sich bisweilen *thath*, *that* geschrieben findet, was Siebs für verschrieben hält (Grundr. der germ. Phil. I, 743).

[3] Das Adj. erscheint mit *t* auch im zweiten Teil (cap. 9—12) des älteren Physiologus (MSD.³ 577), wo anl. *d* herrscht und nur *tod* (tot) mit *t* angetroffen wird. —

[4] So hat die Lorscher Beichte 11 *d* im Anlaut und nur 1 *t* in *-trunchi*; die Glossen aus dem St. Gallener Codex 10 *d* und 3 *t*, darunter *-trunkini*.

52), entfällt auf das Pater noster, während die übrigen fünf *t* im Symbolum Athanasianum vorkommen: *citeilente*, was man doch wohl hierher zählen muss, *gitan* 3 und *gitatem* (vgl. *yitati* bei O. IV, 35, 12). O. hat im inl. Anl. auch einige *t*, im allgemeinen bleibt aber *d*.

Auch an der Stelle, wo das Süd- und Rheinfränkische von den ältesten Zeiten bis ins 15. Jahrh. sich wesentlich unterscheiden, im Inlaut nach Vokalen stimmt der WK. im grossen und ganzen mit O. überein, da beide überwiegend *t* haben. Ich zähle im WK. 63 *t* und 6 *d*. Letztere stehen in *gileidi* (neben *gileiti*), *doodem* (neben *tootem*), *guodiu* und *guodes* (neben *guates*), *bidit* (neben *bitit*), *yode* (neben *gote*) und *adum* (neben *atum*). Davon kommen auf Rechnung des grammatischen Wechsels *gode — gote, adum — atum, gileidi — gileiti* und wahrscheinlich auch *doodem — tootem, guodes — guates*, sodass nur *bidit* bleibt, und zwar steht *bidit* neben *bitit*, *bitte, bittem, bitten, bittanne*, sämtlich im Pater noster. Das *d* in diesem Worte ist einer von den Nachzüglern, wie sie im Südfränkischen nach Vokalen auch sonst vorkommen, besonders auch, wo das *d* einem idg. *dh* entspricht, z. B. bei Otfrid *deda* und *odegun*, sowie im Lob Salomons *medis*. Später ist im Südfränkischen der Unterschied zwischen *t* (*d*) und *tt* in *bitten* zu Gunsten der *tt* ausgeglichen, während im Rheinfränkischen die Doppelformen *biden* und *bitten* neben einander bestehen bleiben bis ins 15. Jahrh., doch ist auch da *bitten* häufiger als *biden*. — Im Auslaut hat der WK. *t* wie O. Die hauptsächlichsten Abweichungen zwischen O. und WK. finden sich im Inlaut nach Liquiden, und sie haben ihren Grund wahrscheinlich in dem verschiedenen Alter beider Denkmäler. Nach *r* stehen im WK. 2 *d* (*uuorde, antuuerden*), nach *l* 5 *d* (*gihaldan, yihalde, uueroldem, uueruldi* 2) und 2 *t* (*geltanti, uuerolti*), nach *n* 51 *d* und 19 *t*. Erstere kommen vor in *endi* (*indi*) 41, *huuanda* 4, *quemendi* 2, *sundeono, sundar, arstandanne, farstande*, letztere in *sintun* 2, *enti* 2, *suntar* 4, *sunta* 2, *angustenter, heilenton, gimisgente, heilantan, untar, uuesenter, lebente, heilanto* 2.

In der Hauptsache befolgt also auch der WK. die südfränkische Regel. Anders steht es mit den Namen in den alten Weissenburger Urkunden, die durch Socin (Die ahd. Sprache im Elsass vor Otfrid von Weissenburg, Strassburger Studien I, 101 ff.) eine gründliche Behandlung erfahren haben. Aus derselben ist ersichtlich, dass diese Namen nicht zu O. und zum WK. stimmen, dass sie vielmehr im Anlaut verhältnismässig öfter *t* haben als im Inlaut nach Vokalen. Es stehen im Anlaut von 695—742 28 *d*, 9 *t*. 1 *th*, von 743—761 meist *d*, 4 *t*; im Inlaut im allgemeinen *d*, im Laufe des 9. Jahrh. nimmt *t* zu; 17 *td*; im Auslaut *t*; Ausnahmen bisweilen nach *l* und *r*, selten nach Vokalen. Ganz abgesehen davon, dass die Überlieferung der Urkunden in den Traditiones Possessionesque Wizenburgenses nicht die beste ist, geben überhaupt die deutschen Namen in lateinischen Urkunden nicht immer und in jeder Beziehung den Dialekt der Gegend wieder, aus welcher sie stammen. Die Orthographie dieser Namen ist zuweilen sehr konservativ, besonders im Konsonantismus, oft werden die Namen auch latinisiert, nicht selten erscheint auch ein Name in den verschiedensten Formen, sodass man gar keinen Grund für die abweichenden Schreibungen entdecken kann. Vergleicht man z. B. die Namen der lateinischen Strassburger Urkunden aus den Jahren 1261—1266 mit denen der deutschen aus derselben Zeit, so ergiebt sich, dass in *Cuonrat* die lateinischen Urkunden inl. stets *d* haben, also *Cunradus, Cunrado* (11 mal), während die deutschen der Mundart gemäss *t* schreiben: *Cunrates, Cunrate* (10 mal). Die Namen auf -*hart* weisen in den lateinischen Urkunden wiederum stets *d* auf: *Burcardus, Murnhardi* (17 mal), während die in den deutschen *t* haben: *Eberhartes, Ysenharte, Gerhartes* (31 mal). Str. I, 469 ff.

In den Denkmälern führt Müllenhoff (p VIII) aus thüringischen Urkunden des 8. Jahrh. Namen mit altem *t* an, um zu beweisen, dass damals in Thüringen *t* noch unverschoben war. Das ist ja aus andern Gründen sehr wahrscheinlich, aber aus Formen wie *Adogoto* darf es nicht gefolgert werden. In den beiden ältesten in deutscher Sprache geschriebenen Grünberger Urkunden (HU. I, 265 u. 266 a. 1290) erscheint als Aussteller ein *Meingoz* (*Mengoz*) *Knibe* von Grünberg (4 mal). In Hessen war das alte *t* (abgesehen von dem in *dit*) schon Jahrhunderte früher zu *z* geworden, aber in den lateinischen Urkunden vom Ende des 13. und Anfang des 14. Jahrhunderts wird in *Meingoz* stets noch *t* geschrieben: *Mengotus, Mengoto*, so HU. I, 257 a. 1286; 246 a 1284; 278 a. 1293; 288 a. 1294; 294 a. 1295; 461 a. 1311; 459 a. 1311; 481 a. 1315 (sämtlich Grünberger Urkunden). Wer wollte daraus schliessen, dass um 1300 *t* auch nur in diesem Namen noch gesprochen wurde? — Die deutschen Strassburger Urkunden des 13 Jahrh. schreiben den Ortsnamen Dachstein immer mit *d*: *Dabechenstein* (Str. I, 469 a. 1261; 481 a. 1261; II, 224 a. 1300), die lateinischen dagegen schreiben entweder *Tabechenstein* (2 mal Str. I, 285 a. 1244) oder *Dabichenstein* (I, 467 a. 1261) oder *Thabinkenstein* (I, 482 a. 1361). — So schwankt die Schreibung desselben Namens auch in den Weissenburger Urkunden. *Dauendorf* wird nach Socin no. 161 a. 784 *Daugendorp*, no. 115 a 774 *Dauchendorp*, no. 112 a. 774 *Dauchentorf*, no. 206 a. 792 *Dauchendorpf* und *Thauchenthorf* und no. 214 a. 798 *Taukendorf* geschrieben. Ein Schreiber schreibt *Gebahardus* (no. 251 a. 830), ein anderer, der dieselbe Urkunde ausfertigt, *Gebaharttus* (no. 252), einer *Aramundus* (no. 57 a. 737), ein anderer denselben Namen *Ferahmundus* (no. 58), einer *Torestodelus* (Dürstel b. Zabern no. 57 a. 737), ein anderer *Dorestotelus* (no. 58), einer *Ruadicho* (no. 111 a. 774), ein anderer *Hruodicho* (no. 112), einer *Grimaldus, Hildibodo* (no. 265 a. 851), ein anderer *Grimoltus, Hildiboto* (no. 266) und so fort.

Hinsichtlich der Vokale scheinen die Eigennamen der lateinischen Urkunden etwas zuverlässiger zu sein als hinsichtlich der

Konsonanten, doch auch da stellen sich bisweilen Differenzen zwischen den Urkunden einerseits und den Glossen und Litteraturdenkmälern anderseits heraus. Vgl. Braune ahd. Gr. 39, 4. Nur ein Beispiel will ich hinzufügen. Schon im Trierer Capitulare erscheint das aus germ. *au* zusammengezogene *o*, z. B. *not*, *nochthanne*, ebenso in den altfränkischen Psalmen, z. B. *noh*, *foruuirpet*, aber in den in Beyers Urkundenbuch zur Geschichte der mittelrheinischen Territorien abgedruckten Trierer und Prümer Urkunden kommt das *au* in -*gaud* noch im 11. und 12. Jahrhundert vor, so in *Meyingaudus*, *Theutgaudus*, *Meingaudus*, *Heregaudus* u. a. Auffällig ist, dass in Verbindung mit dem *au* nie *t* geschrieben wird, dass niemals -*gautus* vorkommt, sondern stets (etwa 40 mal) -*gaudus*, wohingegen in Namen mit *o* stets *t* geschrieben wird: *Meingotus*, *Regengotus* u. a., nur einmal erscheint *Meingodus* (a. 1139). Wird endlich die lateinische Endung weggelassen, so steht gewöhnlich -*goz*, nie -*got*, nur einmal -*gaud* (s. unten). — Man sieht daraus, wie willkürlich zurechtgemachte Regeln die Schreiber lateinischer Urkunden bei der Schreibung deutscher Namen mitunter befolgten.

Folglich wird man wohlthun, immer von den Denkmälern und Glossen auszugehen und die lateinischen Urkunden erst in zweite Linie zu stellen. Keinesfalls darf man — wie das vielfach geschieht — den Lautstand der Namen in lateinischen Urkunden als entscheidend ansehen.[1] Wir werden also von den Weissenburger Urkunden ganz absehen und annehmen dürfen, dass im Südfränkischen das inl. und ausl. *d* Verschiebung erlitten hat, während das anlautende erhalten blieb. Gegenwärtig ist im Südfränkischen ein Unterschied in der Aussprache des Anlauts und Inlauts nicht mehr zu bemerken, sondern an allen Stellen des Wortes wird ein Mittellaut zwischen Lenis und Fortis gesprochen. Es muss also eine Ausgleichung stattgefunden haben, wahrscheinlich in der Weise, dass die anl. Lenis sich der Fortis etwas näherte, während die inl. Fortis an Intensität verlor. Ob die in den Urkunden des 14. und 15. Jahrhunderts im Anl. erscheinenden *t* darauf hinweisen, oder ob sie in Anlehnung an den oberdeutsch-ostfränkischen Schreibgebrauch entstanden sind, ist kaum zu entscheiden.

---

[1] In diesen Fehler ist Kauffmann verfallen, wenn er in seiner sonst ausgezeichneten Geschichte der schwäbischen Mundart zu beweisen sucht (§ 176), dass -*ch*- aus -*kk*- den Wert eines Verschlusslautes hat. Er führt an, dass in ältester Zeit -*ch*- sowohl für -*kk*- (z. B. *floccho*, *diccho*, *secchit*, *stacchit*, *screcchot*), als auch für -*gg*- (z. B. *Ecchihart*, *Sperwerisecche*) geschrieben wird, also müsse *cch* = *kk* = *gg* gesprochen worden sein. Aber er übersieht, dass -*cch*- für -*gg*- nur in den Urkunden, nie in den Glossen vorkommt, und dass selbst in den Urkunden zwar -*cch*- für -*gg*-, aber nie unter den 90 angeführten Fällen) -*gg*- für -*kk*- geschrieben wird, was doch der Fall sein müsste, wenn *cch* = *kk* = *gg* wäre. Aus Kauffmanns Zusammenstellungen könnte daher gefolgert werden, dass -*cch*- einen doppelten Lautwert hatte, etwa wie *ph* im Rheinfränkischen (z. B. in *emphangen* und *verphendet*), aber nicht, dass -*cch*- (aus -*kk*-) ein Verschlusslaut war. Um das wahrscheinlich zu machen, musste K. sich damit begnügen, von der lebenden Sprache auszugehen, in der für altes -*kk*- und -*gg*- die Fortis *k*, für -*k*- nach Vokalen aber *ch* gesprochen wird.

Man darf übrigens nicht meinen, dass durch die anl. Lenis das Südfränkische sich vom Schwäbisch-Elsässischen scharf unterschied, denn auch in diesem muss ein Unterschied zwischen anl. und inl. altem *d* in der Aussprache bestanden haben, nur war er jedenfalls etwas geringer als im Südfränkischen. Wir finden sowohl im Elsässischen, als auch im Schwäbischen noch im 13. und 14. Jahrh. eine grosse Zahl anl. *d* geschrieben, während inl. *t* steht. Zwar in den 13 elsässischen Urkunden von 770—805, die im Cod. dipl. Fuld. (ed. Dronke) stehen, tritt dieser Unterschied nicht hervor, da im Anl. 3 *d* und 3 *t*, im Inl. nach Vokk. 11 *d*, 20 *t* und 2 *tt* und nach Konss. 30 *d* und 12 *t*, im Ausl. 17 *d* und 44 *t* vorkommen,[1] ebensowenig in den 3 alten Strassburger Urkunden v. 728, 749 und 778 (Socin S. 261), wo *d* weder im Anl., noch im Inl. verschoben ist, während im Ausl. 4 *t* und 3 *d* stehen; auch nicht in den schwäbischen Urkunden des 8. und 9. Jahrh., wo *t* und *d* neben einander stehen, oder in den schwäbischen Glossen des 9.—12. Jahrh., wo die Verschiebung zu *t* Regel, *d* sehr selten ist (Kauffmann a. a. O. § 162); aber in den deutschen Urkunden und Litteraturdenkmälern vom 13. Jahrh. an tritt oft anl. *d* auf (Kauffmann a. a. O. § 166; Weinh. al. Gr. § 179; mhd. Gr. § 171), im Elsässischen häufiger als im Schwäbischen. Die Strassburger deutschen Urkunden des 13. und 14. Jahrh. haben inl. regelmässig *t*, *tt*, *rt*, *lt*, *nd* (nur Str. 3, 1177 a. 1327 *gegenwerdigen*), ausl. stets *t*; dagegen stehen im Anlaut:

Str. I, 473 a. 1261 4 *d*, 6 *t*;
    487 a. 1262 (Rat) *osterduge* in der Schlussformel, sonst *t*;
    510 a. 1262 3 *d*, 4 *t*;
II, 110 a. 1286 4 *d*, 2 *t*;
    142 a. 1288 *dor* neben *tor*, sonst *t*;
    183 a. 1292 (Landgraf zu Elsass) 4 *d* (auch *druwen* und *dotslag*), 5 *t*;
    224 a. 1300 (Bischof) 6 *d*, 2 *t*;
    227 a. 1300 (Bischof) 9 *d*, 4 *t*;
    273 a. 1309 2 *d*, 2 *t*;
    319 a. 1314 (Strassburger Ritter) *dot* adj.;
    350 a. 1316 15 *d*, 1 *t*;
    521 a. 1330 (Bündnis zwischen Bischof und Stadt) 10 *d*, 1 *t*;
    519 a. 1330 (Schöffen) 4 *d*, 2 *th*;
    525 a. 1331 (Bischof und Stadt) 5 *d*, 1 *t*;
III, 311 a. 1294 (Rat) *dun*;
    556 a. 1305 (Spitalmeister) 2 *d*;
    601 a. 1307 (Rat) 1 *d*, 2 *t*;
    611 a. 1308 (Rat) 2 *d*, 6 *t*;
    688 a. 1311 (Viztum der Strassburger Stifter) 3 *d*, 1 *t*;
    742 a. 1313 (Franziskanerkloster) 3 *d*, 6 *t*;
    748 a. 1313 (Rat) 1 *d*, 2 *t*;

---

[1] Vgl. Socin a. a. O. S. 261 und Kossinna, Über die ältesten hochfränk. Sprachdenkmäler, Strassburg 1881 S. 71.

Str. III, 856 a. 1317 1 *d*, 6 *t*;
   1177 a. 1327 1 *d*, 2 *t*;
   1206 a. 1328 1 *d*. 5 *t*;
   1293 a. 1331 (Rat) 7 d, 8 *t*.

Daneben erscheinen natürlich Urkunden, die nur *t* im Anlaut haben. —

Ein weiteres Merkmal des Südfränkischen ist, dass altes anl. *p* verschoben ist, während das Rheinfränkische im Anlaut unverschobenes *p* bewahrt. In sämtlichen oben angeführten südfränkischen Urkunden findet sich im Anlaut nur *ph* oder *pf* neben einem einzigen *p*, und zwar in

Speier von 1300—1320 72 *ph*, 2 *pf* (a. 1314 steht einmal *pfunt* neben 28 *phunt* und a. 1320 einmal *Pfortzheim*); 1320—1330 — *ph*, 26 *pf*; 1330—1400 23 *ph*, 42 *pf*; nach 1400 ausnahmslos *pf*. *p* erscheint nur einmal in *porte* (später entlehnt). Auch für geminiertes *p* erscheint die Africata: *beschöpphen* (S. 282 a. 1314), *Cluppfel* (312 a. 1317; 401 a. 1331 sechsmal), *Knopfelman* (422 a. a. 1335), *Knophelman* (494 a. 1346 4 mal), *opffer* (SR. II, 80 a. 1429), *oppfher!* (SR. II, 93 a. 1434). Für *p* nach *m* bieten die Urkunden keinen Beleg.

Gochsheim a. 1316 14 *ph*.
Pforzheim a. 1322 und 1357 5 *ph*, a. 1379 u. 1384 5 *pf*.
Wimpfen a. 1291 4 *Wimpfen*, 3 *wimpen*, 1 *phafen*; 1300 bis 1340 12 *ph* im Anl., 13 *ph* in *Winphen*, *Wimphen*, 1 *pf* in *Wimpfen*; 1340—1370 im Anl.: 12 *ph*, 12 *pf*, 1 *p* (*paffe* HU. 1, 604), in Wimpfen: 9 *ph*, 7 *pf*, 3 *pph*; 1424 *pfarrkirche*, *-pfrunde*, 2 *Wymphen*; 1525 *pfaffheit* 2, *pfarkirchen*, *Wympffen*.
Weinsberg 1303—1350 Anl. 4 *ph*; *Wimpfen*: 6 *ph*, 3 *pf*.
Wiesloch 1363 *Wimpfen* 2.

Dass die *ph* nicht die Aspirata, sondern die Africata bezeichnen sollten, unterliegt keinem Zweifel, da sie erstens mit *pf* wechseln und da zweitens Wörter wie *enphahen*, *enphelhen* häufiger mit *ph* als mit *pf* geschrieben werden. Noch heute wird im grössten Teile des südfränkischen Sprachgebietes die Africata gesprochen. Nach Martin wird die Grenze zwischen *p* und *pf* im Anlaut gebildet durch die Wasserscheide zwischen Mosel und Rhein und die Grenze zwischen Elsass und Pfalz. Im Badischen liegt sie zwischen Bruchsal und Heidelberg und schneidet den Neckar unterhalb Neckarelz (Grundr. d. germ. Phil. 1, 590). Auf Wenckers Sprachatlas 1, 1 ist die Grenze südlich von Neckarsteinach eingezeichnet.

Auffällig ist, dass die Südostecke der Pfalz, Speier eingeschlossen, nicht *pf*, sondern *p* spricht. Es ist also in Speier eine Differenz zwischen der lebenden Sprache und der Orthographie der Urkunden vorhanden. Nebert bemüht sich, in seiner Geschichte der Speierer Kanzleisprache (S. 14 ff.) nachzuweisen, dass „die Gründe der dialektwidrigen Verschiebung des *p* zur Africata", die in den Speierer Urkunden erscheint, „in einer durch die Superiorität schwäbischer Kultur hervorgebrachten Zwiesprachigkeit" zu suchen seien (S. 35), indem infolge der Übersiedelung zahlreicher schwäbischer Familien nach dem Oberrhein und besonders nach dem Speiergau und infolge der festen Organisation hohenstaufischer Politik und Verwaltung schon zur Zeit Barbarossas am Oberrhein eine in gewisser Weise einheitliche Amts- und Verwaltungssprache entstanden sei, die allerdings lateinisch war, aber in der Schreibung der Namen und eingestreuten deutschen Wörter auch in den nicht alemannischen Gebieten der oberrheinischen Tiefebene ihre schwäbisch-alemannische Grundlage durchblicken liess (S. 26). Dieser hohenstaufische Einfluss sei ein so gewaltiger gewesen, dass, obgleich das hohenstaufische Geschlecht bereits um die Mitte des 13. Jahrh. von dem Schauplatz der Geschichte abtrat, doch durch besondere Umstände begünstigt in Speier auch in den deutschen Urkunden, die nach 1300 ausgestellt wurden, im Anlaut stets *ph* erscheint (S. 35 ff.). Nebert will also glaublich machen, dass neben der Volkssprache in Speier eine besondere Beamtensprache gesprochen und in den Urkunden auch geschrieben wurde. — Trotz aller Mühe aber gelingt ihm m. E. der Nachweis nicht, dass die Nachkommen der im 12. und 13. Jahrh. aus Schwaben eingewanderten Geschlechter oder hohenstaufisch gesinnter hochgestellter Männer noch im 14. Jahrh. sämtliche Speierer Kanzleien, die des Rates, die des Bischofs und die des kaiserlichen Notars dermassen beeinflusst hätten, dass diese im Anl. stets *ph* schrieben — Da die Erscheinung dieser dialektwidrigen *ph* nicht auf Speier beschränkt ist, sondern in einem grossen Teile des rheinfränkischen Gebiets sich ebenfalls findet, so kann man eher zu einem sicheren Ergebnis kommen, wenn man die Erscheinung im ganzen betrachtet, als wenn man bloss die Speierer Urkunden in Betracht zieht. Ich werde auf diesen Punkt zurückkommen, wenn vom rheinfränkischen Dialekt die Rede ist. Hier möge es genügen, festgestellt zu haben, dass Speier und Umgegend heute nicht wie das übrige Südfranken *pf*, sondern *p* spricht.

In Weissenburg wird *pf* gesprochen. Damit stimmt Otfrids Sprachgebrauch nicht, der im Anl. *p* setzt (*pad*, *pluayi*, *pending*, *plegan*, *palinza*) und nach *m* auch häufig *p* hat: *gilumplih* I, 16,25 (*gilumflih* P. *gilumphtlih* F), *gilumflih* I, 25,25 (*gilumplih* P), *limpit* II, 23,16; IV, 29,2 (*limphit* PF); *gilumplih* IV, 11,21 (alle Hss -*p*); IV, 15,4 (desgl.), *lamf* V, 9,45 (*lamp p* in *f* korr. V. *lampf* P, *gilamf* F). Für geminiertes *p* setzt er neben seltnerem *ph*, *pf* häufig *pph*, was er für einfaches *p* niemals thut, weder nach Vokalen, noch nach *l* und *r*, womit er also wohl einen Unterschied in der Aussprache andeuten will: *opphoron* I, 4,12 VP, *oppheres* I. 4,81 P, *opphorotin* I. 14,23 VP. *opphorota* II, 9,61 VP, *opphoroti* IV, 9,1 (alle Hss.), *opphere* II. 9,59 PV, III, 4,6 P; *gilepphes* II. 14,28 VP; *scepphe* D, *scefphe* V II, 4,33; *giscepphes* II. 14,28 (alle Hss.); *uuipphe* IV, 16,28 VP; *bislippit*, das zweite *p* in *f* korr. V V, 21,9; *intslupta* V, 10,26 (alle Hss.). Otfrids Heimat wird demnach nicht Weissenburg selbst gewesen sein, sondern sie wird nördlich davon zwischen Weissenburg und Speier gesucht werden müssen, wo man noch heute *parre, peife, Pals, dapper, appel, kop* spricht und wo früher anl. *d* inlautendem *t* gegenüberstand.

Als drittes Merkmal des Südfränkischen ist anzuführen, **dass keine Spur eines unverschobenen *t* vorhanden ist**, also kein *bit, dit, dat, it*, sondern nur *bis, das, dis, es*; neben *das, dis* auch *daz, diz*, in denen *z* als Spirant aufzufassen ist.

Vereinzelt erscheint auch die Africata, so SR. I, 580 a. 1348 *etz* (zweimal); II, 9 a. 1404 *datz* neben *daz* und *das*; II, 147 a. 1454 *datz*; S. no. 278 a. 1313 *bitz*; ebenso 280 a. 1314; 297 a. 1315; SR. I, 297 a. 1315; 648 a. 1371 *bitz* neben *biz*; I, 621 a. 1364 *bitz, bitzher*; II, 180 a. 1464 *bitzher* (zweimal), ebenso II, 200 a. 1474; 221 a. 1490; 274 a. 1527; 273 a. 1526 *bitzanhero*. Auch in einer Strassburger Urkunde findet sich *bitz* (Str. II, 338 a. 1315).

Der heutige südfränk. Dialekt unterscheidet sich vom rheinfr. ausser durch anl. *pf — p* auch dadurch, dass im Inlaut germ. *f* im Südfränkischen *f* geblieben, germ. *b* (aus idg. *bh* sowie auch aus *p* durch grammat. Wechsel) aber zu *w* geworden ist, während im Rheinfränkischen germ. *f* und *b* zusammengefallen sind. Die Grenze liegt südlich von Worms (Grundr. der germ. Phil. I, 586), und in der Pfalz wird sie vom Donnersberg und der Hardt gebildet. Östlich spricht man *hawe, stiwel, owe, deiwel*, westlich *haffe* (Hafen), *stiffel, offe* (Ofen), *daifel* (Bavaria IV, 2, 242). Im Südfränkischen entspricht also altem *f* inl. und ausl. *f* (Lenis), altem *b* inl. *w* (labio-labiale Spirans), ausl. *p*, im Rheinfränkischen altem *f* und *b* inl. *w*, ausl. *b (p)*, im Mittelfränkischen dagegen inl. meist *v* (labiodental), ausl. *f*[1]. Dieser Gegensatz zwischen Süd- und Rheinfränkisch tritt auch in den Urkunden hervor, indem in rheinfränkischen, aber nicht in südfränkischen für altes *f* oft inl. *b*, ausl. *b* oder *p* geschrieben wird. z. B. M. I, 469 a. 1323 *hob*; 482 a. 1325 *habestat*; NU. I, 1194 a. 1295 *brib, hob*; G. III, 419 a. 1346 *haibe, hoibe*; 109 a 1321 *grebe*; HU. I. 628 a. 1357 *haip*; 446 a. 1306 *greben*; 826 a. 1344 *bribe*; 862 a. 1351 *grebe*; 265 a. 1290 *bribe, brib*; 266 a. 1290 *brip* neben *brif*; 792 a. 1341 *grebin*; 1051 a 1351 *greben*; 1065 a. 1373 *hobestad*; 1069 a. 1374 *bryb*; 1124 a. 1380 *hobis, lantgreben, hoyb*; 1151 a. 1383 *brib, habes*; 1186 a. 1388 *neben*; 1214 a. 1392 *hopp*; III, 729 a. 1326 *calcoben*; H. p. 263 a. 1333 *brip*; WH. II, 681 a. 1339 *frabil*; 703 a. 1341 *kirchobe*; 623 a. 1335 *brip*, ebenso 625, 635, 639, 640 u. ö.; W. II, 471 a. 1354 *brieb*. Herbort von Fritslar reimt *hob : lob*.

Endlich wird im Südfränkischen **nach dunklen Vokalen und nach *r* gutturaler Verschlusslaut gesprochen**, während das Rheinfränkische an diesen Stellen den Reibelaut hat.

---

[1] Inl. *v* findet sich nicht bloss im Ripuarischen, sondern auch in einem Teile des Moselfränkischen. Koblenz hat *w — f*, aber Trier *v — f* (Mitteilung des Herrn Prof. Rosbach in Trier: „*v* wie weiches *f* gesprochen").

Es steht also fest, dass das Südfränkische vom 9. Jahrh. an bis heute eine selbständige Stellung eingenommen hat und vom Rheinfränkischen getrennt werden muss.

II., Rheinfränkisch.

An das Südfränkische schliesst sich im Norden das Rheinfränkische an, welches im Osten an das Ostfränkische und Thüringische, im Norden an das Niederdeutsche und Mittelfränkische grenzt und im Westen bis an die französische Sprachgrenze reicht. Vom Ostfränkischen und Thüringischen scheidet sich das Rheinfränkische in den Urkunden des 13.—15. Jahrh. durch das unverschobene *d* im Inl. nach Vokalen und durch *p* im Anlaut, welches letztere jetzt noch in der Sprache das Unterscheidungsmerkmal ist; vom Niederdeutschen durch die verschobenen Tenues; vom Mittelfränkischen durch das verschobene *t* in den neutralen Formen *daz, iz, allez, waz*. Der Süden des Mittelfränkischen, das Moselfränkische, hat bekanntlich vieles mit dem Rheinfränkischen gemein, z. B. dass altes *p* nach *r* und *l* sowie in dem Worte *uf* früh verschoben worden ist, auch dass altes î und û diphthongiert sind, und ich verschliesse mich den Gründen nicht, mit welchen Nörrenberg (PBB. 9, 400 ff.) zu beweisen sucht, dass Ripuarisch und Moselfränkisch sich mehr von einander unterscheiden, als Ripuarisch und Niederfränkisch, sodass man das Moselfränkische vom Ripuarischen trennen und als vierte Gruppe dem Oberfränkischen zuzählen müsste. Aber ich halte eine erneute, allseitig abwägende Untersuchung dieser Frage doch für erforderlich, ehe man jene Scheidung endgiltig aussprechen darf, und darum folge ich hier noch der alten Einteilung in *das-* und *dat-*Mundarten.

Nach den in Firmenichs Völkerstimmen aufgezeichneten Proben haben Saarlouis, Ottweiler, St. Wenzel, Birkenfeld und Kirchberg *dat*, gehören also nicht mehr zum Rheinfränk. (PBB. I, 28). Über Boppard (mit *das*) geht die Nordgrenze des Rheinfränk. nach Limburg, wo *das* und *dat* schwanken, biegt hier nach Norden um, sodass Weilburg, Biskirchen, Herborn, Dillenburg und Laasphe auf die rheinfränk. Seite zu liegen kommen, und erreicht nordwestlich von Laasphe die Grenze des Niederdeutschen, die dem Zuge des Rothaargebirges folgt. Das Siegerland hat *dat, det, ät, langet, jonget* (Heinzerling, Siegerländer Ma. 1874 S. 16), während im Nassauischen und Wittgensteinschen wie im Hessischen *das, es, -es* Regel sind. Kieperts Sprachkarte führt die Grenze zwischen Niederd. und Rheinfr. an der Eder hin bis Waldeck, aber nach Werneke (Zs. für vaterl. Geschichte, vom Verein für Geschichte Westfalens 32, 2,33) liegt sie etwas nördlich der Eder, läuft von da nördlich um Kassel, welches rheinfränkisch (hessisch) ist, biegt bei Münden nach Süden um und folgt der alten Westgrenze Thüringens zwischen Werra und

Fulda. **Hersfeld** ist hessisch, **Salzungen** thüringisch. Ersteres spricht anl. vor Vokalen *p-h*, vor Konsonanten *f*, also *p-hot*, aber *flijt* (Pfad, Pflicht) (vgl. Salzmann, die Hersfelder Ma. S. 47, 51), letzteres stets *pf* (Hertel, die Salzunger Ma. § 32). **Vacha** ist einer freundl. Mitteilung des Herrn Dr. Hertel zufolge noch thüringisch und hat im ganzen denselben Dialekt wie Salzungen; dagegen ist **Neunkirchen** zwischen Hersfeld und Hünfeld hessisch, denn noch 1486 erscheinen in einem Neunkirchener Weistum (Weist. 3, 378) *brodes, braden, gude, gereide, roide*. Weiter südlich geht die Grenze über das Rhöngebirge, dann der alten Grenze Ostfrankens folgend über den Spessart nach dem Main, den sie bei der Mündung der Tauber überschreitet. Zwischen **Buchen** und **Bischofsheim** hindurch[1] (Breunig, die Laute der Ma. von Buchen 1891 S. 5) läuft sie nach der Grenze des Südfränkischen, die sie bei Öhringen erreicht. Im Südwesten stösst das Rheinfränkische an das Elsässische.

Fulda[2] galt bisher als ostfränkisch, ist aber rheinfränkisch. Während die ostfränkischen, z. B. die Wirzburger Urkunden des 13.—15. Jahrh. (abgedruckt in den Mon. B. Bnd. 38—43) inl. nach Vokalen für altes *d* stets *t* schreiben, haben die Fuldaer zahlreiche *d* (z. B. HU. I, 340 a. 1326 *luden, guden* 2; 536 a. 1322 *lute* 2, *bede*; 703 a. 1384 *gewonheyden*; 892 a. 1354 *rate*; IV, 29 a. 1407 *bete, gewonheiden, gotis, syhehebete*; 78 a. 1420 *gots, luden, hobesteden, -heiden* 4, *yude, lute, yute, rate, stete*; 175 a 1453 *gots, luden, besteddigen* 6, *rate, amptlude* 2, *lude, vorbeden*).

Während ferner das Ostfränkische im Anlaut für altes *p* die Africata spricht, spricht man in Fulda nach den bei Firmenich angeführten Proben *p*. In den Namen der Fuldischen Urkunden des 8. und 9. Jahrhunderts, die den heimatlichen Dialekt ziemlich genau wiederzugeben scheinen (vgl. Kossinna a. a. O. I. Kap. Die Fuldaer Urkunden), finden sich zwischen Vokalen nach Kossinna (S. 37) für altes *d*

```
von 750—774  50 t,  17 d
 ,, 775—799  49 t,  25 d
 ,, 800—812  37 t,  11 d
 ,, 813—841  63 t,  10 d,
```

sodass die *t* zwar überwiegen, aber die *d* doch eine stattliche Minderheit bilden, wie sie in ostfränkischen Urkunden nicht vorkommt. Anlautendes altes *p* erscheint nur dreimal, nie verschoben (Kossinna 46), im Ausl. steht neben öfterem *Helfrichi* auch ein *Helprichi*, ausserdem einmal *Scaplanzu* (vgl. *hilp* im Fränk. Gebet, *scap* bei Isidor). In den Fuldaer Urkunden des 14. Jahrhunderts

---

[1] Auf meine Anfrage teilte mir Herr O. Heilig in Bruchsal mit, dass die Grenze des Ost- und Rheinfränkischen hier zwischen Gerlachsheim und Tauberbischofsheim einerseits und Walldürn, Glashofen, Hardheim, Buchen anderseits liegt. —

[2] Zu diesem Abschnitt ist jetzt zu vergleichen: 1.) Sievers in der 2. Ausg. des Tatian, Einl. § 4; 2.) besonders Wrede, Fuldisch und Hochfränkisch (Zs. fda. 36, 135 ff.).

ist *p* ganz selten neben *ph*, im 15. steht kein *p* mehr, sondern anfangs *ph*. aber schon 1420 *pfleger*, später *pfandes*, *pflichten*, *pflegen*, *pfenden* — dieselbe Differenz zwischen Volkssprache und Schrift, die schon bei Speier sich zeigte. Es kann keinem Zweifel unterliegen, dass in Fulda vom 8. Jahrhundert an bis heute im Anlaut *p* gesprochen worden ist. — Zum Fuldischen Dialekt stimmt aber weder die Fuldaer Beichte noch der Tatian. Möglich, dass beide in der Klosterschule zu Fulda entstanden sind, aber in Fuldaer Sprache sind sie nicht geschrieben. Müllenhoff behauptet (MSD. p. XII ff.), dass Dialekt und Orthographie des Tatian genau mit den von Dronke veröffentlichten alten Fuldaer Urkunden übereinstimme. Wenn er (p. XII) im Anschluss hieran erwähnt, dass der Tatian im Anlaut einige *d* für hd. *t* hat, dass mit einer Ausnahme nur *uo*, nicht *ua* erscheint, dass neben *io* oft *eo* vorkommt, wenn er dann das alles auch aus den Urkunden belegt, so kann man diese Gegenüberstellungen unmöglich so auffassen, als wollte er damit beweisen, dass der Tatian im Fuldischen Dialekt geschrieben ist. Dagegen sagt er auf S. XIV ausdrücklich: „Für den Dialekt und Fuldischen Ursprung der Übersetzung des Tatian führe ich aus den Urkunden .... an", und nun nennt er folgende Punkte: 1. Ausser dem auch sonst häufigen *sg* in *Mennisgo*, *zirisgen* das *gg* in *glogga*, *Eggi* etc.; 2. das Schwanken des Genitivs der *o*-Stämme zwischen *a* und *u*; 3 der Plural der neutralen -*ja*-Stämme geht im Nom. und Acc. oft auf *iu*, *u* aus, statt auf *i*; 4. zur Herkunft des Denkmals aus Fulda stimmen auch die nieder- oder mitteldeutschen Bestandteile seiner Sprache: *thie* für *ther*, *rvuo* neben *uueo*, *uuio*, *sihuer*, *sihuuz* u s. w. Ich muss gestehen, dass ich in alledem nichts speciell Fuldisches erblicken kann. Dass *sg* für *sc* häufig ausser dem Tatian und den Fuldaer Urkunden vorkommt, giebt M. selbst zu. Von oberfränkischen Quellen hat Otfrid *sg*, ebenso die Wirzburger Beichte. Die Gemination *gg* ist im Fränkischen ganz gewöhnlich. Wenn ferner der Tatian Genitive hat wie *erdu*, *sahhu*, *miltidu*, *evru*, *uuisungu* statt oder neben *erda* etc., so teilt er diese Wandlung nicht mit den Urkunden allein, sondern auch mit vielen andern ahd. Denkmälern (Braune ahd. Gr. 107 a. b). Es blieben also als Beweise für die Fuldische Herkunft des Tatian nur die -*iu*, -*u* der Neutra auf -*i* und die ndd. oder md. Bestandteile. Die ersteren kommen im Tatian ziemlich oft vor (Sievers 25), und ihnen stellt Müllenhoff aus den Urkunden im ganzen je ein *petiu* und *bettiu* gegenüber, die aber in solchen Urkunden sich finden, welche wegen ihrer mangelhaften Überlieferung nicht in Betracht kommen können. Und was die ndd. oder md. Bestandteile anbetrifft, so sprechen sie für Mitteldeutschland im allgemeinen, aber nicht speciell für Fulda. Übrigens lassen sich Formen wie *the*, *thie* für *ther* auch noch anders erklären, als aus dem Mittel- oder Niederdeutschen. So bleibt also nichts, was mit Notwendigkeit auf Fulda hinwiese. Dagegen giebt es durchschlagende Beweise dafür, dass der Tatian nicht im Fuldaer Dialekt geschrieben sein kann. Es sind folgende: 1. Im Tatian unterliegt anl. altes *p* stets der Verschiebung; 2. im Inl. zwischen Vokalen steht für altes *d* stets *t*; 3. anlautendes *h* vor *r*, *l* und *w* kommt nicht vor, während es in den Urkunden durchaus steht (Kossinna 54—56). besonders häufig ist *hr* (noch von 821—841 stehen 38 *hr* gegen 6 *r*); 4. in rheinfränkischen Urkunden, die im Ausl. in der Regel *t* haben, wird gewöhnlich -*heid* geschrieben (s. unten), und an dieser Besonderheit nehmen auch die Fuldischen teil. Nach Kossinna (S. 40) haben diese sonst im Auslaut meist *t* (von 750 bis 841 in 505 Fällen), selten *d*, aber ohne Ausnahme steht *d* in dem Worte -*haid*, -*heid* (*Uualthaid, Lintheid, Gundheid, Berahtheid, Uuolfheid, Adalheid* 3, *Ratheid* 2, *Alpheid, Gotaheid*), auch inlautend -*heida* (*Uualthaida, Otheida*). Der Tatian dagegen hat *heit, heit-, -heites, -heite*; 5. während in den Urkunden germ. *eu* vor *a*, *e*, *o* zu *eo* wird, neben dem *io* nur selten erscheint (78 *eo*, 7 *io* bei Kossinna S. 33), hat der Tatian regelmässig *io* (die Schreiber a, e und z immer; b hat nur ein *eo*, g 10 und d 5. Vgl. Sievers S. 30). Wenn also der Tatian auch in Fulda geschrieben sein sollte, den Fuldaer Dialekt repräsentiert er nicht. Dasselbe gilt wohl auch von der Fuldaer Beichte.

In Kassel und Umgegend spricht man anl. *p* (Firm. II, 119), wohingegen das etwas östlich liegende Heiligenstadt anl. *f* hat (Firm. II, 194 ff.). In Übereinstimmung damit haben die Kasseler Urkunden inl. zwischen Vokalen *d* und *t*; so eine Urkunde des Kapitels zu St. Martin vom J. 1368 *godes, gude* (PBB. I, 34), so die Urkunden des Landgrafen: WH. II, 543 a. 1330 *gotes, gude, lodigis, behuden, luden, noden*; 794 a. 1346 *vatere, hattin, gudes, gudis*; 898 a. 1354 *gots* 2, *loteges* 3, *lute, lude, ludin, gude* 5, *guder, bidin* 2, *bede, tedin, mudin, stede*; 992 a. 1359 *gots, ludin, gudin*; HU. I, 1159 a. 1385 *gots, hetten, gebeden, amptlude*, und noch im 15. Jahrh.: HU. IV, 170 a. 1451 *gotis, ratter, hette, hobereiden*; 242 a. 1481 *gotis, ritter, vetter, ziten, gude*; 277 a. 1500 *gotis, vetter, raithe, gewonheiden, friheiden*.

Zwischen Werra und Fulda befand sich nicht nur die Grenze zwischen inl. *d* und *t* nach Vokalen und befindet sich nicht nur die Grenze zwischen anl. *p* und *pf* (*f*), sondern zwischen beiden Flüssen liegt auch die Grenze zwischen dem Infinitiv mit *n* und ohne *n* (Grundr. der germ. Phil. I, 582). Man darf annehmen, dass diese Sprachgrenze zwischen Hessen und Thüringen alt ist.

Zunächst will ich den Nachweis liefern, dass wie in Worms, so allenthalben im Rheinfränkischen an der entscheidenden Wortstelle, nämlich im Inlaut zwischen Vokalen *d* herrscht. Abgesehen von den Heidelberger, Fuldaer und Kasseler Urkunden, in denen für altes *d* wegen der Nähe der Sprachgrenze die *t* zahlreicher sind als die *d*, überwiegen in den rheinfränkischen Urkunden des 13. und 14. und selbst noch des 15. Jahrhunderts überall weitaus die *d*. Das rheinfränkische Gebiet lässt sich in Bezug auf das Vorkommen des *t* scheiden in Gegenden, wo letzteres selten ist, und in Gegenden, wo es etwas häufiger vorkommt. Letzteres ist der Fall in den Strichen, die an das Südfränkische, Ostfränkische und Thüringische grenzen, sowie in den bedeutenderen Orten am Rhein und Main, ersteres dagegen in der Wetterau, in der Provinz Nassau südlich der Lahn, in den Provinzen Rheinhessen und Starkenburg, in der südlichen Rheinprovinz, in der Westpfalz sowie in Lothringen.

A.
13. und 14. Jahrhundert.

I., *t* kommt selten vor.

	d	t	tt	
Friedberg[1], 13. Jahrhundert	6	—	-	
14. Jahrhundert	75	5	—	2 *td*
Karben	2	—	—	
Arnsburg a. d. Wetter	18	—	...	
Wetterau	11	3	—	
Münzenberg, 13. Jahrhundert	3	—	—	
14. Jahrhundert	18	—	—	
Echzell	5	—	—	
Butzbach	1	—	—	
Giessen	26	5	3	
Schiffenburg	36	-	—	

[1] Die nächste Umgebung eingeschlossen.

Friedberg. Benutzt sind: NU. I, 1194 a. 1295. — HU. I, 425 a. 1301; 446 a. 1306; 479 a. 1315; WH. II, 624 a. 1335; HU. I, 787 a. 1340; 1340 a. 1342; 820. 825. 826 a. 1344; 862 a. 1351; 883 a. 1353; 907 a. 1356; 1357 a. 1358; 1360 a. 1359; 957 a. 1362; 1370 a. 1366; 1050 a. 1371; 1067 a. 1373; 1079 a. 1375; 1094. 1097 a. 1377; 1105 a. 1378; 1113 a. 1379; 1135 a. 1382; 1139 a. 1383; 1169 a. 1386; 1187 a. 1388; 1201 a. 1390; 1205 a. 1391; 1210 a. 1392; 1232 a. 1394; 1237 a. 1395. — Um später nicht zu oft wiederholen zu müssen, verzeichne ich hier gleich sämtliche Urkunden, die ich für einen Ort auffinden konnte, auch wenn hier nicht alle ein Erträgnis liefern.

Karben: HU. I, 866 a. 1351 und 655 a. 1365.

Arnsburg: H. p. 60 a. 1300.

Wetterau: L. III, 593 a. 1359 (Urk. der 9 Geschworenen des Landfriedens in der Wetterau. Gegeben „by Kappel vff dem Ryne").

Münzenberg: HU. I, 155 a. 1277. — I, 456 a. 1309; 471 a. 1312; 747 a. 1333; WH. II, 941 a 1343; HU. I, 1349 a. 1350; 1019 a 1371; 1071. 1075 a. 1374; 1157 a. 1385; 1192 a. 1390.

Echzell: HU. I, 860 a. 1350, 890 a. 1354.

Butzbach: HU. I, 872 a. 1352; 1000 a. 1365.

Giessen: WH. II, 394 a. 1321; HU. I, 512 a. 1326; WH. II, 576 a. 1333; 667 a. 1339; 702 a. 1341; HU I, 818 a. 1343; 836 a. 1346; WH. II, 814 a. 1347; 832 a. 1348; HU. I, 912 a. 1356; 1047 a. 1371; 1215 a. 1393.

Schiffenburg: HU. I, 474 a. 1314; 523 a. 1328; 742 a. 1331; 763 a. 1336; WH. II, 624 a. 1336; HU. I, 771 a. 1337; 797 a. 1341; WH. II, 711 a. 1341; HU. I, 805 a. 1342; 865 a. 1351; 908 a. 1356; 923 a. 1357; WH. II, 962 a. 1357; 696 a. 1358; HU. I, 1059 a. 1372; 1078 a. 1375; 1214 a. 1392.

		d	t	tt			
Romrod b. Alsfeld		9	1	—			
Marburg		245	20	11	10 dd	5 td	1 tht
Rohrbach zwischen Hersfeld und Rotenburg		25	1	—	1 dd		
Reichenbach W. v. Schlüchtern		16	—	—	1 dd		
Grünberg		47	6	—			
Merlau b. Grünberg		15	—	—			
Wirberg b. Grünberg		3	—	—			

Romrod: HU. I, 775. a. 1338; 777 a. 1338; 828 a. 1344; 910 a. 1356; 930 a. 1358; 1044. 1048 a. 1371.

Marburg: WH. II, 345 a. 1318; 453 a. 1323; 460 a. 1324; 488 a. 1326; 529 a. 1329; 550 a. 1330; 553. 544 a. 1331; 569. 570. 572 a. 1332; H. p. 263 a. 1333; WH. II, 579. 584 a. 1333; 603 a. 1334; 610. 611. 612. 614. 615. 616. 618. 621. 623. 625 a. 1335; 629. 631. 635. 639. 640 643. 644. 646 647. 648 a. 1336; 654 a. 1337; HU. I, 773 a. 1338; WH II, 666 a. 1338; 677. 681 a. 1339; 689 692. 695 a. 1340; 703. 713. 715 a. 1341; HU. I, 802 a. 1342; WH. II, 728 a 1342; 731 735. 736 a. 1343; HU. I, 824 a. 1344; WH. II, 754. 761. 769. 772. 774 a. 1345; 803 804 a. 1346; 805. 806 a. 1347; 822 a. 1348; 837 a 1349; 845. 846 a. 1350; 861. 866 a. 1351; 876. 879. 882 a. 1352; 894 a. 1353; 899. 902 a. 1354; 917 a. 1355; 952. 959 a. 1357; 973. 974. 975 a. 1358; 986. 991 a. 1359; HU. I, 1034 a. 1370; 1268 a. 1378. — Die zahlreichen Marburger t und tt erklären sich zum Teil dadurch, dass in den Schenkungsurkunden aus den dreissiger Jahren des 14. Jahrh. 7 mal *lute* und sogar 3 mal *lutte* geschrieben steht.

Rohrbach: Weist. 3, 327. 14. Jahrh.

Reichenbach: Weist. 3, 398 a. 1394.

Grünberg: HU. I, 972 a. 1341; 842 a. 1348; 849 a. 1349; 913 a. 1356; 936 a 1359; 944 a. 1360; 956. 960. 964 a. 1362; 978. 988 a. 1364; 996 a. 1365; 997 a. 1367; 1022 a. 1368; 1027 a. 1369; 1038 a. 1370; 1051 a. 1371; 1055 a. 1372; 1065 a. 1373; 1069 a. 1374; 1103 a. 1378; 1122. 1124 a. 1380; 1151 a. 1383; 1170 a 1386; 1181 a. 1387; 1186 a. 1388; 1206 a. 1391.

Auch aus dem 13. Jahrh. sind zwei Grünberger Urkunden vorhanden: HU. I, 265 und 266 a. 1290. Auffällig ist, dass die erste von beiden stets und zwar achtmal *t* hat: *vatir* 4, *gotevriden*, *guten*, *bete*, *luten*, während die zweite, die an demselben Tage und von denselben Personen ausgestellt ist, also wahrscheinlich auch von demselben Schreiber geschrieben ist, *Godefride* schreibt. Ein weiteres altes *d* kommt in ihr nicht vor. Es ist anzunehmen, dass die *t* in der ersten Urkunde dem in Grünberg gesprochenen Laute nicht entsprachen. Die Schreiber, welche im 13. Jahrh. anfangen, die Urkunden deutsch abzufassen, greifen in der Lautbezeichnung oft fehl, vielleicht indem sie sich an fremde Muster anlehnen. Wir haben dieselbe Erscheinung in einer Urkunde aus Daun b. Sponheim. Während Sponheim selbst im 14. Jahrh. fast nur *d* hat, hat die Urkunde aus Daun v. J. 1287 (H. p. 36) 2 *d*, 1 *t*, 1 *tt*, 1 *dd* und sogar *verrettet* für *verredet*. Auch die Grafen von Veldenz stellen im Jahre 1288 zwei rheinfränkische Urkunden aus (H. p. 38 u. 39), in denen neben 6 *d* auch 6 *t* (*luten*, *vogete* 2, *vogetes*, *stete* adv., *stetetiche*) und 3 *tt* (*damitte*, *vatter*, *gottes*) vorkommen. Durchaus inl. *t* haben die beiden im Kloster Naumburg in der Wetterau 1278 an demselben Tage ausgestellten Urkunden (RH. II. Abt. I, 568 u. 569), von denen die erste einen Verzicht Reinhards und Adelheids von Hanau auf ihre Ansprüche an das von den Weinsbergern an die Falkensteiner verkaufte Münzenberger Erbteil enthält, die zweite einen Vertrag zwischen Hanau und Falkenstein. Desgleichen hat nur *t* eine Lehensurkunde der Herren von Falkenstein und Hanau v. J. 1292 (Baur, Arnsburger Urkunden 165).

Merlau: HU. I, 783 a. 1340; 806 a. 1342; 821 a. 1344; 966. 972. 973 a. 1363; 986 a. 1364; 1091 a. 1376.

Wirberg: HU. I, 540 a. 1334; 943 a. 1360.

	d	t	n	
Homberg a. d. Ohm	8	—	—	1 dd
Amöneburg	10	1	—	
Kirchhain	27	3	—	
Ziegenhain	34	5	—	
Felsberg b. Fritzlar	4	3	—	
Hohenfels	7	—	—	
Solms	1	—	—	
Wetzlar	61	2	. .	
Biedenkopf	7	—	—	3 dd
Hatzfeld	7	2	1	
Nidda	7	—	1	1 dd
Assenheim	7	1	—	
Hanau	6	—	—	
Rüdigheim	2	5	—	
Eppstein	3	—	—	
Katzenellenbogen	32	1	—	
Bleidenstadt	4	2	—	
Nassau	2	1	—	
Limburg	15	—	—	
Kaub	11	2	—	

Homberg: WH. II, 487 a. 1325; 987 a. 1359.
Amöneburg: WH. II, 651 a. 1336; 661 a. 1338; 712 a. 1341; 744 a. 1343; 847 a. 1350; 860 a. 1351.
Kirchhain: WH. II, 915. 916 a. 1355; 929 a. 1356; 963. 965 a. 1357; 966. 967. 968 a. 1358.
Ziegenhain: WH. II, 476 a. 1325; 586 a. 1333; 592 a. 1334; HU. I, 1342 a. 1343; 867 a. 1352; 876 a. 1353; 896. 899 a. 1355; 906 a. 1356; 940 a. 1359; 952 a. 1361; 1060 a. 1372.
Felsberg: WH. II, 636 a. 1336; 656 a. 1337; 679 a. 1339.
Hohenfels: HU. I, 894 a. 1355; 1126. 1127 a. 1360.
Solms: HU. I, 787 a. 1364.
Wetzlar: HU. I, 433 a. 1303; WH. II, 120 a. 1307; 140 a. 1308; 426 a. 1322; HU. I, 515 a. 1326; WH. II, 626 a. 1335; 632 a. 1336; 657 a. 1338; 714 a. 1341; HU. I, 823 a. 1341; WH. II, 782 a. 1345; 796 a. 1346; 819 a. 1348; 883 a. 1352; 896 a. 1353; 976. 981 a. 1358; 990 a. 1359; HU. I, 985 a. 1364; 1028 a. 1369.
Biedenkopf: HU. I, 780 a. 1339; 1175 a. 1387.
Hatzfeld: HU. I, 856 a. 1350; 945 a. 1360; 1140 a. 1383; 1162 a. 1385; 1263 a. 1398.
Nidda: HU. I, 754 a. 1335; 854 a. 1350; 874. 875 a. 1353; 1121 a. 1380; 1196 a. 1390; 1261 a. 1397.
Assenheim: RH. I, 672 a. 1288.
Hanau: HU. I, 561 a. 1339; 618 a. 1355; 623 a. 1356. 669 a. 1371; 734 a. 1398.
Rüdigheim: RH. I, 800 a. 1299.
Eppstein: HU. III, 1576 a. 1339; I, 799 a. 1341; 574 a. 1342; 711 a. 1391.
Katzenellenbogen: Wenck. Katzenellenbogisches Urkundenbuch no. 124 a 1311; HU. I, 371 a. 1318; 544 a. 1335; 563 a. 1340; 571 a. 1341; 615 a. 1354; 648 a. 1362; 662 a. 1368; 1374 a. 1369; L. III, 970 a. 1392.
Bleidenstadt: NU. I, 2885 a. 1358.
Nassau: ZO. 20,190 a 1331; HU. I, 776 a. 1338; 898 a. 1355.
Limburg: RH. I, 778 a. 1298.
Kaub: G. III, 465 a. 1359.

	d	t	tt
Lorch	5	—	—
Kloster Erbach	72	2	—
Castel	6	—	—
Flörsheim	1	—	—
Astheim	15	1	—
Die Herren von den Wasen	23	—	2
Babenhausen	10	—	—
Dieburg	2	—	—
Ostheim	1	1	—
Darmstadt	5	—	—
Büttelborn b. Darmstadt	1	—	—
Starkenburg	6	—	...
Wolfskehlen	1	—	—
Schenke von Erbach	3	1	1
Dienheim b. Oppenheim	2	—	—
Nierstein	7	1	—
Guntersblum	8	—	—
Selzen	2	1	—
Rheindürkheim	3	—	—
Lörzweiler	2	—	—
Bodenheim	3	—	—
Undenheim	1	—	— 1 dd
Alsheim	4	—	—

Lorch: NU. I, 1877 a. 1328.
Kloster Erbach: HU. III, 963 a. 1328; 1044 a. 1335; 1050 a. 1335; 1065. 1075 a. 1336; 1099. 1103 a. 1338; 1115 a. 1339; 1125 a. 1341; 1139 a. 1342; 1201 a. 1347; 1219 a. 1348; 1251 a. 1352; 1266 a. 1354; 1302. 1305 a. 1358; 1359 a. 1364.
Castel: HU. III, 1206 a. 1347.
Flörsheim: HU. III, 1391 a. 1369.
Astheim: HU. I, 592 a. 1346; III, 1579 a. 1357.
Wasen: HU. I, 584 a. 1344; 593 a. 1347; 612 a. 1353; 627 a. 1357; 678 a. 1375; 691 a. 1382; 716 a. 1393; 731 a. 1397.
Babenhausen: HU. I, 577 a. 1343; 700 a. 1383.
Dieburg: HU. I, 543 a. 1334.
Ostheim: HU. I, 646 a. 1361.
Darmstadt: HU. I, 915 a. 1356; 644 a. 1361; 647 a. 1362; 728 a. 1397.
Büttelborn: HU. I, 634 a. 1358.
Starkenburg: HU. I, 418 a. 1329.
Wolfskehlen: HU. I, 588 a. 1345; 628 a. 1357; 706 a. 1387.
Erbach: HU. I, 545 a. 1335; 690 a. 1381.
Dienheim: HU. III, 1389 a. 1369.
Nierstein: HU. III, 1066 a. 1336; 1578 a. 1346; 1061 a. 1363; 1409 a. 1373.
Guntersblum: HU. III, 1199 a. 1347; 1456 a. 1382.
Selzen: HU. III, 1362 a. 1365; 1430 a. 1377.
Rheindürkheim: HU. III, 1356 a. 1364.
Lörzweiler: HU. III, 1067 a. 1336.
Bodenheim: HU. III, 1473 a. 1385.
Undenheim: HU. III, 1346 a. 1363.
Alsheim: HU. III, 955 a. 1328.

	d	t	ll	
Hohenfels zwischen Worms u. Oppenheim	23	—	—	
Westhofen	1	—	—	
Alzei	14	1	—	
Albig	1	—	—	
Erbesbüdesheim	1	—	—	
Saulheim	6	—	—	
Udenheim	1	—	—	
Mommenheim	2	—	—	
Jugenheim	2	—	—	1 td
Stadecken	6	—	—	
Hilbersheim	1	—	—	
Olm	14	5	—	
Schwabheim	4	—	—	
Appenheim	21	2	—	
Algesheim	4	—	—	
Ingelheim	12	—	—	
Ockenheim	9	—	—	
Büdesheim	22	2	—	
Bingen	15	1	—	
„Schonenburg" b. Wesel	6	—	—	
Leyen b. Waldalgesheim	13	1	—	1 td
Die Rheingrafen	9	—		
Die Wildgrafen	5	—	—	
Die Raugrafen	11	—	—	2 td

Hohenfels: HU. II, 664 a. 1306; III, 953 a. 1328; 987 a. 1330; 999 a. 1331; 1374 a. 1366.
Westhofen: HU. III, 1336 a. 1361.
Alzei: HU. III, 1026 a. 1333; 1373 a. 1366; 1428 a. 1376; 1469 a. 1384.
Albig: HU. III, 1024 a. 1333.
Erbesbüdesheim: HU. III, 1460 a. 1382.
Saulheim: HU. II, 866 a. 1321; III, 1370 a. 1366.
Udenheim: HU. III, 1390 a. 1369.
Mommenheim: HU. III, 1437 a. 1378.
Jugenheim: HU. III, 1432 a. 1377.
Stadecken: HU. III, 1482 a. 1388.
Hilbersheim: HU. III, 1310 a. 1358.
Olm: HU. III, 1152 a. 1343; 1436 a. 1378.
Schwabheim: HU. III, 1330 a. 1361.
Appenheim: HU. II, 719 a. 1311; III, 1382 a. 1368.
Algesheim: HU. III, 1161 a. 1344; 1259 a. 1353; 1290 a. 1357.
Ingelheim: HU. III, 1240 a. 1351; 1274 a. 1355; 1471 a. 1384; 1492 a. 1391; 1505 a. 1396.
Ockenheim: HU. III, 1168 a. 1344; 1294 a. 1357.
Büdesheim: HU. III, 1190 a. 1346.
Bingen: G. III, 162 a. 1329; HU. III, 1109 a. 1339; I, 581 a. 1344; III, 1295 a. 1357; 1422 a. 1375; 1483 a. 1389.
„Schonenburg": ZO. 20,196 a. 1387; G. III, 621 a. 1390.
Leyen: G. III, 633 a. 1394; 648 a. 1396.
Rheingrafen: HU. II, 810 a. 1317; G. III, 464 a. 1359.
Wildgrafen: G. III, 186 a. 1332.
Raugrafen: HU. II, 825 a. 1319; 921 a. 1325; III, 974 a. 1329; 1164 a. 1344; I, 610 a. 1358; III, 1378. 1379 a. 1367; 1411 a. 1373; 1423 a. 1375.

		d	t	tt	
Kreuznach		9	—	—	
Sponheim		101	6	1	
Bretzenheim		6	—	—	
Alsenz		12	—	—	
S. Alban N. v. Donnersberge		13	—	—	
Theisbergstegen b. Cusel		7	—	—	
Kloster Eusserthal		13	1		
Wachenheim		23	—	1	1 *dd*
Ellerstadt b. Dürkheim		4	2	—	

Hierher gehören auch die schon oben angeführten Urkunden von Annweiler, Weingarten und Hornbach bei Blieskastel.

II., t kommt etwas öfter vor.

1. Im Süden des rheinfränkischen Sprachgebiets.

Hier sind vor allem die Urkunden von Heidelberg, Worms, Neustadt, Meckenheim und Landau anzuführen (s. oben), ferner die der Grafen von Leiningen (8 *d*, 9 *t*, 3 *tt*, — in *gute* 6, *gewonheiten* 2, *bestetiget*; *beitte* = mhd. *bete*, *gottes*, *Otte*), die von Neuhausen bei Worms (10 *d*, 4 *t*, 1 *tt*, 1 *dt* in *vater*, *fautye* 2, *monats*; *hütter*; *gebedten*) und wohl auch die von Weinheim SO. v. Worms (2 *d*, 1 *t*, 1 *th* in *lute* und *luthe*).

2. Im Osten.

Ausser Fulda und Kassel (s. o.) gehören hierher Alsfeld (2 *d*, 1 *t*, 2 *tt* in *lotiges* und *retter* 2) und Büdingen (39 *d*, 5 *t* in *verboten* 2, *futer*, *teten* neben *deden*, *stete* gen. pl.). Eine Gelnhausener Urkunde v. J. 1334 hat 1 *d* und 3 *t* (WH. II, 592), während eine andere v. J. 1347 nur 3 *d* hat (WH. II, 816).

Kreuznach: H p. 161 a. 1322; HU. III, 1230 a. 1350.
Sponheim: H. p. 128. 129 (= G. III, 84) a. 1318; 148 (= G. III, 109) a. 1321; S. no. 371 a. 1327; G. III, 167 a. 1330; 326 a. 1338; 275 a. 1341; 319 a. 1346; HU. III, 1291. 1292 a. 1357; G. III, 463 a. 1359; 475 a. 1361; 478. 481 a. 1362; 613 a. 1387; 622 a. 1390; 628 a. 1393; 654 a. 1398.
Bretzenheim: HU. III, 1160 a. 1343.
Alsenz: ZO. 21,332 a. 1357.
S. Alban: ZO. 20,317 a. 1317.
Theisbergstegen: ZO. 21,321 a. 1357.
Eusserthal: ZO. 21,181 a. 1325.
Wachenheim: W. II, 841 a. 1383.
Ellerstadt: ZO. 21,334 a. 1359.
Leiningen: ZO. 20,313 a. 1305; HU. II, 673 a. 1306; III, 1005 a. 1331; W. II, 281 a. 1335; HU. III, 1063 a. 1336; 1241 a. 1351; I, 681 a. 1376; III, 1454 a. 1382.
Neuhausen: HU. III, 1253 a. 1352; 1359 a. 1362; 1490 a. 1391.
Weinheim: ZO. 20,177 a. 1348.
Alsfeld: HU. I, 788 a. 1340; 850 a. 1349; 993 a. 1365; 1041 a. 1371; 1152 a. 1383.
Büdinger Reichswaldweistum: Weist. III, 426 a. 1380.

3. In den bedeutenderen Orten am Rhein und Main.

Oppenheim: 22 *d*, 6 *t* 1 *tt* 1 *dd*
geleites 2 *hotten* *gebedden*
stelen 2
gotis
ratir

Mainz: 205 *d* 30 *t* 5 *tt* 2 *td* 2 *dd* 1 *dt*
gotes ⎫ *gutte* 2 *stelde* *seddeler* *stedte*
gots ⎬ 7 *guttes* 2 *gebuitdet* *widdewe*
gute 7 *guttere*
lute 5
vuuty 5
talle 5 in HU.
  III, 1267)
cziten 2
hutiyen
veterliche
zetel
holdersleite

Frankfurt 13. Jhrh.: 15 *d* 1 *t* 2 *td*
bestehenbete *mitde*
gebetden

Oppenheim: Str. II, 417 a. 1322; W. II, 233 a. 1330; HU. III, 1363 a. 1365; I, 723 a. 1394.
Mainz: HU. II, 718 a. 1311; NU. I, 1686 a. 1319; H. p. 183 a. 1325; HU. III, 961 a. 1328; 1004 a. 1331; 1012 a. 1332; 1013 a. 1333; 1035 a. 1334; H. p. 295 a. 1335; HU. III, 1111. 1114. 1118 a. 1339; G. III, 251 a. 1339 (mainzisch?); HU. III, 1130. 1133 a. 1341; 1137 a. 1342; 1159 a. 1343; 1172 a. 1344; 1184 a. 1345; I, 591 a. 1346. III, 1200. 1204. 1205. 1206 a. 1347; 1210. 1218. 1220 a. 1348; I, 601 a. 1348; III, 1225 a. 1350; 1244 a. 1351; 1249 a. 1352; 1267 a. 1354; 1270. 1276. 1277 a. 1355; I, 620 a. 1355; 624 a. 1356; III, 1283. 1284 a. 1356; 1296. 1297. 1299 a. 1357; 1309. 1311 a. 1358; 1313 a. 1359; KB. II, 27 a. 1360; HU. III, 1325. 1332. 1333 a. 1361; 1347 a. 1363; 1352. 1353. 1354. 1357. 1358 a. 1364; 1395 a. 1370; 1398. 1400 a. 1371; 1401. 1406 a. 1372; 1407. 1408. 1410 a. 1373; 1413. 1415 a. 1374; 1421 a. 1375; 1429. 1433 a. 1377; 1435 a. 1378; 1440. 1442 a. 1379; 1457 a. 1382; 1466 a. 1384; 1472 a. 1385; 1477. 1478. 1479 a. 1387; 1486. 1489 a. 1390; 1491 a. 1391; 1496 a. 1392; I, 721 a. 1394; III, 1504 a. 1395; 1507. 1508 a. 1397; 1509 a. 1398; 1510 a. 1399. — G. III, 260. 261. die Braune (PBB. I, 5) für mainzisch hält, sind zu Gunsten des Erzbischofs von Trier ausgestellt, also wahrscheinlich trierisch. Auch G. III, 361. 451 sind kaum mit einiger Sicherheit für Mainz in Anspruch zu nehmen. — Von Mainz beeinflusst ist vielleicht Mombach bei Mainz, das 5 *d* und 2 *t* (*zetel*, *beraten*) hat (HU. III, 1244 a. 1351; 1405 a. 1372).
Frankfurt: M. I, p. 252 a. 1290; HU. I, 201 a. 1294. — HU. III, 419 a. 1300; KB. II, 6 a. 1303; M. I, 349 a. 1303; KB. II, 11 a. 1316; M. I, 431 a. 1317; 443 a. 1318; KB. II, 12 a. 1318; M. I, 451 a. 1320; 457. 460 a. 1321; 464[1]. 464[2] a. 1322; KB. II, 16 a. 1322; HU. I, 382. 500 a. 1322; M. I, 467. 469. 471 a. 1323; 482 a. 1325; 492 a. 1327; 496. 505 a. 1329; KB. II, 13 a. 1330; H. p. 252 a. 1332; KB. II, 19 a. 1333; 21 a. 1334; 22 a. 1335; M. I, 543 a. 1337; 568 a. 1340; KB. II, 14 a. 1341; M. I, 622 a. 1352; 679 a. 1360; 683 a. 1362; 735 a. 1372; 745. 747 a. 1376; KB. II, 29 a. 1376; M. I, 755 a. 1377; 765 a. 1388; HU. I, 1188 a. 1389; M. I, 775 a. 1396; 778 a. 1399; 782 a. 1400. — Über den Frankfurter Stadtdialekt handelt Wülcker in PBB. IV, 35 ff. Er kommt zu dem Ergebnis, dass im 14. Jahrhundert der Inlaut *d* liebt, der Anlaut und inl. Aulaut keine Vorliebe für *d* oder *t* zeigt.

Frankfurt 14. Jhrh.: 252 *d*   36 *t*   1 *tt*   6 *dd*
gotes, gots ⎫ *vatter*   *bedde* 2
gotz, gocz ⎬ 8   *midde* 4
gote 2
rater 4
reterlich 1
zyten 4
antleiteren 3
gute 2
lute 2
rate 2
stete (adv.)
stete (gen. pl.)
hutigen
muter
gereitem
gewonheiten
hutin
verbote

Aschaffenburg 16 *d*   15 *t*
gotes, gots 3   *gute* 2
gote 4   *gueteren*
rater 4   *arbeite*

Wesel: 26 *d*   5 *t*
Geleyte
Beschutunge neben *Beschudunge*
Stete 2
stete

Vereinzelt stehen da Wöllstein (2 *d*, 1 *t*, 1 *tt*, 1 *dd* in *quitsbriefe, gottes, bedde*) und Odernheim a. d. Glan (4 *d*, 1 *t*, 3 *tt*, 4 *dd* in *gute, gottes* 3, *stedde* 4).

Lässt man die unter II. 1. und 2. behandelten Grenzbezirke ausser Betracht, so finden sich in den angezogenen rheinfränkischen Urkunden:

	d	*t*	*tt*	*td*	*dd*	*dt*	*tht*
unter I:	1391	99	21	11	19	—	1
unter II, 3:	542	95	11	4	14	1	—
zusammen	1933	194	32	15	33	1	1

Die *d* unter I verhalten sich zu den dort angeführten *t* wie 14 : 1, unter II, 3 wie 6 : 1. Angesichts einer so grossen Mehrheit der *d* kann die zuerst von Braune (PBB. I, 51) vorgetragene und seitdem oft wiederholte Ansicht, dass im Rheinfränkischen altes

---

Aschaffenburg: Weist. III, 418 a. 1366 (Langen-Selbolder Markweistum, ausgestellt in Aschaffenburg).
Wesel: H. p. 317 a. 1317.
Wöllstein: HU. III, 1465 a. 1383.
Odernheim: ZO. 21,184 a. 1327.

inl. *d* zu einem Laute verschoben worden sei, der zwischen nd. *d* und oberd. *t* die Mitte halte, kaum aufrecht gehalten werden.

Von den 99 *t* unter I kommen auf *gotes* und *gots* 35, *muter* 15, *vater* 10, *gute* 8, *zyten* 3, *reter* 2, *hutigen* 2, je eins auf *gefatern*, *hute* (mhd. *huote*), *gereite*, *rote*, *rautyen*, *virbots*, *lotiges*, *stetekeit*, *Elsebete*, *bete*, *mitebruder*; dazu kommen 13 *lute*. In der Olmer Urkunde finden sich alle 5 *t* in dem Worte *gotes*, dasselbe gilt von den 2 *t* in der Bleidenstädter. Abgesehen von dem schon erwähnten *lute* (*lutte*) fallen sämtliche *t* und *tt*, die in den Marburger Urkunden vorkommen, auf *gotes* (*gottes*) 8, *vater* 6 und *mutir* 6, wozu sich nur 1 *gutte* gesellt. Die 5 Rüdigheimer *t* kommen auf *muter* 4 und *vater* 1, die 3 Appenheimer auf *gute*. Die 21 *tt* entfallen auf *gottis* 6, *gutte* 3, *guttern* 1, *ratter* 2, *lutte* 3 (Marburg), *veiter* 3, *gerattern* 1, *mutter* 1, *Thitterich* 1; die 11 *td* auf *gotdiz* 2, *retdern* 2, *damytde* 2, *mytde* 1, *botden* 1, *Gotdefred* 1, *Glismutde* 1, *gutdes* 1; die 19 *dd* auf *goddis* 5, *gebedden* 4, *wyddewe* 3, *damydde* 2, *fedder* 2, *midde* 2, *bedde* 1; das *tht* auf *gothtes*. Auch die unter II, 3 verzeichneten *t* kommen hauptsächlich auf die Wörter *gotis* 19, *gote* 6, *rater* 11, *veterlich* 2, *gute* 13, *lute* 7, *zyten* 6, und von den 11 *tt* entfallen 5 auf *gutte*, *guttes*, 4 auf *gottes*, 1 auf *vatter*, 1 auf *botten*.

Die vereinzelt vorkommenden *t*, *tt* und *td* sind nicht als Zeugen für eine fortisähnliche Aussprache, sondern als Zufälligkeiten der Überlieferung anzusehen. Aber die zahlzeichen *t*, *tt* und *td* in den Wörtern *gotes*, *gote*, *vater*, *muter*, *gute*, dann in *reter*, *zyten* und *lute* darf man nicht auf Rechnung der Schreiber setzen. Wie sind diese *t* etc. zu erklären? Die Erklärung giebt die lebende Sprache. Gegenwärtig wird in weiten Strichen des Rheinfränkischen inl. nach Vokalen sowohl für *d* aus altem *th*, als auch für *d* (= altem *d*) *r* gesprochen, also *laure* laden, *freere* Frieden, *broore* braten, *laire* leiten, *toure* Tote, *peere* beten etc. Dieses *r* für hd. *d* und *t* erklärt sich daraus, dass intervokalisches altes *d* im Rheinfränkischen mit wenigen Ausnahmen nicht verschoben ist und dass rheinfr. *d*, gleichviel ob es altem *th* oder *d* entsprach, an den Alveolen der Oberzähne oder am vordern Gaumen gebildet wurde und eine sehr schwache Artikulation hatte. Dieses *r* findet sich in der Westpfalz, dem sogenannten Westrich (Bavaria IV, 2, 241), in der Nordpfalz um Kirchheim-Bolanden (nach Firmenich), am Mittelrhein und Untermain (Kehrein, Gramm. der nhd. Sprache I, § 64 a. 7) und in Hessen (Weinhold mhd. Gr. § 196; Heinzerling a. a. O. S. 108). In den Urkunden des 13.—15. Jahrhunderts ist mir ein solches *r* nicht begegnet, wohl aber verzeichnet Arnold, Ausiedelungen und Wanderungen deutscher Stämme 633 einige hessische Ortsnamen mit diesem *r*, z. B. *Wolrolderore* a. 1269. Es ist daher wahrscheinlich, dass auch die *d* der Urkunden keinen reinen *d*-Laut mehr bezeichnen, sondern einen zwischen *d* und *r* liegenden Laut. — Aber nicht alle alten *d* sind zu *r* geworden. Fast überall hat sich *d* in *fadder*, *modder*, *godde*, stellenweise auch in *fedder*, *gudde*, *badden* (nützen) erhalten. In diesen Wörtern war also der Zungenverschluss entschiedener als in solchen, wo altes *d* in *r* überging, und diese Thatsachen bezeugen unsere urkundlichen Formen mit *t* etc. schon für das 14. Jahrhundert. *Butten* ist mir in den Urkunden nicht aufgestossen, wohl aber einmal das Subst. *butte*, Hilfe (HU. III, 1292 a. 1357). Ob *lute* und *ziten* und vielleicht noch ein oder das andere Wort gegenwärtig in einigen Gegenden des in Rede stehenden Gebiets eine Ausnahme machen, vermag ich nicht anzugeben.

Die Litteraturschriftsprache hat in den hierher gehörigen Denkmälern einige *t* mehr. So bietet das Leben der hl. Elisabeth *rater, muter* (beide sehr häufig), *gotdes, lute, gute, mute, zitin* (seltener), ausserdem vereinzelt *drute, selycrete, bestatten, begatten* u. e. a.; die Oxforder Benediktinerregel, die ich wegen *obe* für *oder*, wegen *rd* in nebentonigen Silben, z. B. *wederwurdikeit* und wegen der zahlreichen *-de*, z. B. *verstummede, minnede* (Sievers, Tübinger Dekanatsprogramm 1887 p. IX, XVI, XV) von Ebersbach in die Lahngegend verlegen möchte, hat *gotes, gote, muterliche, rate, noten, ziten, -keite, verbieten, gebute*.

Auch in mittelfränkischen Urkunden begegnet öfter *t* für *d* und zwar im wesentlichen in denselben Wörtern wie im Rheinfränkischen. Abgesehen von *go(i)tz, yo(i)ts*, was sehr häufig ist, findet sich in Trier: *vaiteren* L. III, 172 a. 1318; *gebots* G. III, 155 a. 1328; *gutes* 3, *gute* G. III, 169 a. 1330; *hutigen* H. p. 298 a. 1335; *gote, rater* G. III, 229 a. 1337; *guten* 2 H. p. 321 a. 1337; *gote* G. III, 235 a. 1338; 318 a. 1345; *lute* G. III, 321 a. 1346; *retter* G. III, 644 a. 1395;

Koblenz: *ziten, guten, mute, gebeten* G. III, 253 a. 1339;

Ehrenbreitstein: *zyten, stette* 3 G. III, 497 a. 1364;

Helfenstein: *gotes* G. III, 425 a. 1355; *gueter* ZO. 20,204 a. 1461;

Ehrenberg a. d. Mosel: *zyten* G III, 448 a. 1358;

Hammerstein: *zytelich* = *sitelich* G. III, 484 a. 1362;

Köln: *gutz* L. III, 163 a. 1317; *guten* L. III, 22 a. 1302; 888 a. 1385; *demotige* L. IV, 343 a. 1469; *retter* 2 L. IV, 345 a. 1469; *ratter* L. IV, 364 a. 1473; *ratter* neben *rader* L. IV, 375 a. 1474; *bute* (Nutzen) L. IV, 451 a. 1491. — Ob diese mfr. *t* und *tt* aus dem Rheinfränkischen übertragen, oder ob sie einheimisch sind, vermag ich nicht zu entscheiden. Sogar aus nd. Urkk. führt Tümpel (PBB. VII, 73) *gottes, guten, huslute* an.

Einige *t* mehr als sonst im Rheinfränkischen finden sich in den unter II, 1, angeführten Urkunden aus dem Süden des rheinfränkischen Sprachgebiets. Auch diese Erscheinung entspricht dem gegenwärtigen Sprachstande. In seinem Wörterbuche der Ma. von Handschuhsheim NW. v. Heidelberg verzeichnet Lenz (Der Handschuhsheimer Dialekt. Konstanz 1887) *proore* braten, *preera* breiter, *toure* Tote, *plaare* entblättern, *pere* beten, *püre* bieten, *raure* Rate, *schaarem* Schatten, *schlüre* Schlitten, *taire* deuten, *tsairich* zeitig, *wairu* weiter, *laire* läuten und noch einige, aber *jata* Vater, *mota* Mutter, *feta* Vetter, *pitl* Büttel, *pote* Bote, *pate* nützen, *lotl* unordentlicher Mensch, *klotan* klettern, *schtalema* Städter, *kepote* geboten.

Besonders scheint nachfolgendes konsonantisches *r*, *s* und *n* auf die Verschärfung und (da vorstehender kurzer Vokal nicht gedehnt wird) wohl auch Längung des *d* im Rheinfränkischen von Einfluss gewesen zu sein. Für den Süden scheint dieselbe Regel zu gelten wie fürs Südfränkische, dass nach kurzem Sonanten Dehnung des Konsonanten eintritt, nach langem nicht. Im letzteren Falle wird dann der Konsonant zu *r* erweicht.

Die unter II, 2 aus dem Osten des Rheinfränkischen nachgewiesenen *t*, *tt* scheinen keine lautliche Entsprechung zu haben, sondern nur aus dem ostfränk.-thüringischen Schreibgebrauch in die Kanzleien der Landgrafen und der Äbte von Fulda, die ja hauptsächlich in Frage kommen, herüber genommen zu sein. Eine derartige Beeinflussung der Orthographie einer Kanzlei durch die Orthographie einer benachbarten, die einem andern Dialekt angehört, lässt sich an den Schriftstücken verschiedener Kanzleien beobachten, z. B. auch an denen der Heidelberger Kanzlei.

Die Gemination wird in den rheinfr. Urkunden des 13. und 14. Jahrh. nach kurzen Vokalen in der Regel durch *tt* ausgedrückt: *dritte, mitte, hütte, bette, bitten, bitter, smitte, ettesuua*, nach langen durch *t: luter, site*. Ausnahmen sind selten: *biden* erscheint H. p. 60 a. 1300; HU. III, 1292 a. 1357; KB. II, 27 a. 1360; HU. II, 664 a. 1306; ZO. 21,181 a. 1325; *bitden* HU. I, 1169 a. 1386; *bidden* WH. II, 576 a. 1333; 656 a. 1337; 882 a. 1352; *biten* HU. I, 930 a. 1358; *schudden* (schütten) WH. II, 782 a. 1345; *Otdirburg* HU. III, 1026 a. 1333; — *lutteren* HU. I, 155 a. 1277; *lutterliche* H. p. 263 a. 1333; *luttir* WH. II, 657 a. 1338; *lutterkliche* WH. II, 864 a. 1351; *lutterliche* WH. II, 963 a. 1357; *luderlichen* M. I, 683 a. 1362; *sitte* WH. II, 120 a. 1307; 140 a. 1308; HU. I, 540 a. 1334; *sitde* ZO. 20,317 a. 1317; *side* M I, 460 a. 1321; *sithe* WH. II, 120 a. 1307; *sitde* und *lutderliche* ZO. 21,181 a. 1325. — Im Friedberger Krist, wo die Gemination durch *dd* oder *tt* bezeichnet wird, kommt neben *dridden* auch einmal *driden* vor.

Riter und *hate* oder *hete* kommen nur ganz ausnahmsweise vor. Das Gewöhnliche ist *ritter*, daneben *ritder* und seltener *rither* oder *ritther*, sowie *hatte, hette*, daneben *hade*, selten *hatde*. — Die Fremdwörter *Peter* und *spital*, seltener *spittal* erscheinen auch mit *d*: *Peder, spidal, spidel* (z. B. KB. II, 6 a. 1305; HU. I, 883 a. 1353; 1014 a. 1367); *spedil* (WH. II, 965 a. 1357), *spedal* (WH. II, 679 a. 1339), aber *markete, abbete*, die ziemlich häufig sind, haben nie *d*. Dagegen kommt *appitte* (H. p. 263 a. 1333) und *abbetdes* (ZO. 21,181 a. 1325) vor. — Die Formen *hatte, hette, Peter, spital, markete, abbete, ritter, ritder, rither* sind in obigen Aufstellungen nicht gezählt worden und werden auch in den folgenden nicht gezählt.

B.
15. Jahrhundert.

Auch im 15. Jahrhundert überwiegen im ganzen noch die *d*, wenn auch natürlich die *t* zahlreicher werden und in einzelnen Orten sogar die Mehrheit erlangen.

	d	t	tt		
Friedberg	18	4	5	1 *td*	
Butzbach	4	1	1		
Romrod	1	1	1		
Marburg	14	—	—	3 *dd*	3 *dt*
Solms	3	—	—		
Hatzfeld	8	—	—		
Nidda	6	—	—		
Stockheim b. Nidda	4	4	4	1 *dd*	
Grünberg	5	1	—	1 *dt*	
Obern Aula	9	2	3	1 *dd*	1 *dt*
Düdelsheim	1	—	—		
Hanau	12	10	2	2 *dd*	
Steinheim b. Hanau	1	1	1		
Eppstein	8	8	1		
Münster b. Eppstein	5	—	—		
Katzenellenbogen	40	5	2	1 *dd*	
Die Herren zu dem Wasen	7	—	2		
Frankfurt 15. Jahrh.	25	8	—		
a. 1502	2	9	5		

Friedberg: HU. IV, 38 a. 1410; 79 a. 1420; 151 a. 1442; 227 a. 1475.
Butzbach: HU. IV, 56 a. 1416; 272 a. 1496.
Romrod: HU. IV, 29 a. 1405; 179 a. 1455.
Marburg: HU. IV, 176 a. 1453; 185 a. 1457; 214 a. 1471.
Solms: HU. IV, 166 a. 1488.
Hatzfeld: HU. IV, 6 a. 1402; 69 a. 1419.
Nidda: HU. IV, 23 a. 1406; 71 a. 1419; 140 a. 1437; 163 a. 1448; 169 a. 1451.
Stockheim: HU. IV, 268 a. 1492.
Grünberg: HU. IV, 81 a. 1420; 124 a. 1432; 160 a. 1447; 188 a. 1459.
Obern Aula: Weist. III, 332 a. 1419.
Düdelsheim: HU. IV, 222 a. 1473.
Hanau: HU. IV, 110 a. 1429; 118 a. 1431; 119 a. 1431; 144 a. 1439; 148 a. 1441; 198 a. 1465; 199 a. 1465; 225 a. 1474.
Steinheim: HU. IV, 209 a. 1482.
Eppstein: HU. IV, 40 a. 1412; 133 a. 1435; 190 a. 1459; 200 a. 1466; 224 a. 1473.
Münster: HU. IV, 165 a. 1448.
Katzenellenbogen: HU. IV, 4 a. 1401; 7 a. 1402; 19 a. 1404; 25 a. 1406; 36 a. 1410; 54 a. 1416; 76 a. 1420; 104 a. 1428; 126 a. 1433; 143 a. 1438; 161 a. 1447; 226 a. 1475.
Wasen: HU. IV, 8 a. 1403; 31 a. 1407; 50 a. 1414; 129 a. 1433; 149 a. 1442.
Frankfurt: KB. II, 31 Anm. c. 1430; ZO. 20,200 a. 1436; KB. II, 31 a. 1480. — 446 a. 1502.

	d	t	tt		
Heusenstamm	1	—	—	1 *dd*	
Babenhausen	2	—	—		
Darmstadt	1	—	—		
Umstadt	4	1	—		
Wolfskehlen	2	—	—		
Auerbach b. Bensheim	1	—	1		
Bensheim	1	4	—		
Mainz	13	29	12	1 *td*	1 *th*
Ingelheim	1	1	1		
Bubenheim	4	—	—		
Partenheim	—	1	1		
Alzei	6	—	—		
Osthofen	1	—	—		
Kloster a. d. Donnersberge	1	—	1		
Rotenkirchen b. Kirchheim	2	—	—	1 *th*	

Dass Landau und namentlich Metz im 15. Jahrhundert überwiegend noch *d* zeigen, ist schon erwähnt.

In der zweiten Hälfte des 15. Jahrh. sind natürlich die *t* und *tt* häufiger als in der ersten. Das zeigt sich deutlich in Eppstein, wo vor 1450 8 *d* und 2 *t* vorkommen und nach 1450 kein *d*, 6 *t* und 1 *tt*, oder in Mainz, wo bis 1450 12 *d*, 14 *t* und 1 *tt* erscheinen, von 1451—1500 aber 1 *d*, 15 *tt* und 11 *tt*. Bis 1440 erscheint in Mainz *t* nur in *gots, vater, lute, gute, zyten*; zwischen 1440 und 1450 kommen *bote* und *rote* dazu, nach 1450 *hute, enbieten, zeytigen* und *aussrewtung* (die letzten beiden i. J. 1491).

Die aus dem 15. Jahrh. verzeichneten *t* und *tt* entfallen auf folgende Wörter: *vater* 6, *ratter* 8 — *gute guter* 23, *gutte gutter* 6 — *gotes gots* 8, *gottes* 1 — *ziten* 14, *zytte* 2 — *retter* 12 — *lute* 9 — *mutter* 5 — *gebeten* 4. Je dreimal kommen vor *rete* und *stette*, je zweimal *hute, enbieten, gebetten, gebotten* und *bestettigt*, je einmal *bote, gebote, geboten, vorboten, zwölfboten, gebieten, bete, bestetigung, zeytigen, aussrewtung, czittel, verbotten, gelitten, Petterwile, bestetigunge*. Ausserdem sind zu verzeichnen *midde* 2, *bedde* 2, *inrydten* 3

Heusenstamm: HU. IV, 96 a. 1425.
Babenhausen: HU. IV, 112 a. 1429.
Darmstadt: HU. IV, 173 a. 1452.
Umstadt: HU. IV, 113 a. 1429.
Wolfskehlen: HU. IV, 3 a. 1401.
Auerbach: HU. IV, 82 a. 1421.
Bensheim: HU. IV, 254 a. 1488.
Mainz: HU. IV, 68. 72 a. 1419; 83 a. 1421; 106 a. 1428; 123 a. 1432; 134 a. 1436; 147 a. 1441; 157 a. 1446; 174 a. 1453; 211 a. 1470; 246 a. 1482; 251 a. 1486; 259 a. 1489; 266 a 1491.
Ingelheim: HU. IV, 229 a. 1477.
Bubenheim: HU. IV, 55 a. 1416.
Partenheim: HU. IV, 121 a. 1432.
Alzei: HU. IV, 208 a. 1468.
Osthofen: HU. IV, 2 a. 1401.
Kloster auf dem Donnersberge: SR. II, 231 a. 1499.
Rotenkirchen: SR. II, 186 a. 1467.

und je ein *stedde, enschudden, tredden, gelidden, gesnidden, betde, damitde. hudte* (Hut), *ludte, gebethe* (a. 1467) und *Rethe* (a. 1491).
— Gewöhnlich heisst es im 15. Jahrh. *capittel* und *spittal, spittel*.
— Neben *bitten* kommt *bidden* (HU. IV, 23 a. 1460) und *bidet* (KB. II. 31 Anm. c. 1430) vor.

Wie im 14. Jahrhundert, so sind es auch im 15. wieder besonders die Wörter *gotes, gute, vater, retter, ziten, lute*, die mit *t* oder *tt* geschrieben werden, wozu sich das im ganzen nicht häufige *mutter* gesellt. Aber es stehen wie im 14. Jahrhundert neben *lute, gute* und *ziten* zahlreiche *lude, yude* und *ziden*, was bei *gotes, vater, retter* und *mutter* nicht der Fall ist. *lude* kommt im 15. Jahrhundert 42 mal vor, *yude* 34 mal, *ziden* 13 mal, dahingegen *godis* nur dreimal, *muder* einmal. *rader* und *reder* gar nicht.

Schliesslich gebe ich ein Verzeichnis derjenigen Wörter mit altem *d*, die in den rheinfränk. Urkunden aus dem 13., 14. und 15. Jahrhundert nur oder fast nur mit *d* geschrieben werden: *arbeiden, baden* (baten), *bede, bieden, breyden!, brede, brode, budel,* (Büttel), *dede, foide, geleide, gestaden, -heide, hofereide, hude* (heute), *huden* (hüten), *husgerede, cleynode, luden!* (läuten), *mieden, node, mude, mide, rade, rode, riden, rude* (Rute), *-stedir, selgerede, stede* (adv.), *schroden, side* (Sitte), *wide* (weite), *zedel* und die von diesen abgeleiteten Wörter.

rt.

Dass im Rheinfränkischen nach *r* vom 13. Jahrhundert an *t* steht, ist bekannt. Statt *t* wird nicht selten *th* oder *td* geschrieben. Auch *tt* findet sich einige Male in *gartten, entwortten* und *geburtte*. *d* kommt im Norden in den P. N. *Reynardis, Euerharde, Eckardis, Burkardes, Luckarde* u. ä. bis ins 14. Jahrhundert vor. Im 14. Jahrhundert verschwinden diese *rd* nach und nach. Die Marburger Urkunden schreiben 1326 *Lucarde*, 1330 *Eckardis*, 1331 *Reinhartis*, 1332[2] *Gerhardis*, 1333[3] *Eckeharde*, 1335[1] *Eckeharde*, 1335[5] *Eckardis*, 1335[9] *Eckeharte*, 1336[9] *Gerharde* und von da ab immer *t*: 1339[2] *Ekharte* 4, *Ekhartis*, 1340[1] *Ekkartis*, 1343[2] *Ekharte*, 1344[2] *Hascharte*, 1344[3] *Ekharte*, 1346[1] *Ekharte*, 1349 *Ekhartis*, 1350 *Bernhartis, Ekharte*, 1351[2] *Lukarte*, 1358[1] *Reinhartis*, 1358[2] *Reinhartis*, 1359[2] *Thenhartiz*. Kirchhain hat 1356 *Losharte*, 1358[1] *Burghartes*, 1358[2] *Lucyarte*, 1358[3] *Eckarde*; Ziegenhain 1333 *Meynhardis*, 1353 *Burghartes*; Amöneburg 1351 *Gerharde* und *Gerharte*. Der letzte mir bekannte Name mit *rd* in hessischen Urkunden ist *Eckardis* in der Grünberger Urkunde v. J. 1378. — Fast immer wird in rheinfränk. Urkunden *arde, ardecker, ardhaft* geschrieben (aber *arteckern* HU. III. 1359 a. 1364 Erbach; *artackers* WH. II. 883 a. 1352 Wetzlar). Auffällig sind die häufigen *forter, furter, furterme*, die nur mit *t* vorkommen, während immer *altfordern* steht, einmal auch *furderlichen*.

Behaghels Regel (Grundr. der germ. Phil. I, 588), dass im Hessischen *rd* zu *rt* verschoben sei am Schlusse von hochtonigen

Silben, während in unbetonten *rd* und *rt* neben einander stünden, muss nach Massgabe der urkundlichen Schreibung folgende Fassung erhalten: Im Hessischen schwinden die letzten *rd* am Schlusse hochtoniger Silben im 13., am Schlusse nebentoniger im 14. Jahrhundert. In sämtlichen hessischen Urkunden, die oben angeführt sind, heisst es *wirte, garten, hirte, warten, antworten, verantworten, geinwortekeid, gegenwortigen, baumgarten, Frankenfurter*. Nur in Marburg kommt neben 112 *rt* (*rth*), worunter 19 in nebentoniger Silbe, in der Urkunde von 1332[1] zweimal *entwurdin* vor und in Wetzlar neben 21 *rt*, worunter 6 in nebentoniger Silbe, a. 1335 *wyngardin* und *wyngardis*. Ausserdem kenne ich bloss noch zwei rheinfr. Originalurkunden, die aber schwer zu lokalisieren sind, mit *rd*: den Vertrag zwischen den Grafen von Katzenellenbogen, Rieneck und Hanau v. J. 1297 mit *wirthen* 2, *genwordegen, geantwordet* 2, *antworden* 2, *geantworddet, warden, warthen, geburde* (RH. I, 771) und das 1347 in Mainz ausgefertigte Schreiben des Deutschmeisters Wolfram von Nellenburg an den Grafen von Leiningen mit *geginwerdigen* (WH. II, 818).

Etwas anders liegt die Sache im Süden des Mittelfränkischen, den Behaghel dem Hessischen gleichstellt. Hier hält sich *rd* am Ende hochtoniger Silben bisweilen und am Ende nebentoniger Silben häufig bis ins 15., ja sogar bis in die ersten Jahrzehnte des 16. Jahrhunderts. Nur in den unmittelbar ans Rheinfränkische grenzenden Gegenden verschwindet das *rd* schon im 14. Jahrhundert. Trier hat 1248 *antwerden* 3, *antwerdet* (H. I, no. 2), 1328 *antwerden, antwerten, gegenwerdlich, rurworte* (G. III, 155), *rurwordin, antwordin, geburte* (G. III, 156), 1333 *geantwerdet, geburte* (H. p. 266). Von Anfang an aber steht in den meisten Trierer Urkunden *rt* und nach 1350 kommt wohl kaum noch *rd* vor. Sayn hat im 13. Jahrhundert *rd* (Sievers a. a. O. S. XVIII), auch 1310 *genwordigen* (G. 3, 45), aber Maxsayn 1333 *wortin, geburte, geynwortigen, rurwortin* (H. p. 261), Sayn 1337 *geburte* (L. III, 308), 1435 *verantwerten* (G. IV, 161), aber 1491 wieder *rechtferdickeit* (G. IV, 385). Isenburg hat 1326 *genwortigen, Gerharthen* (L. III, 313), 1334 *rd* und *rt* (Sievers a. a. O. p. XVIII), 1342 *geburte* (L. III, 376)· Nur *rt* finde ich in Westerburg 1331 (G. III, 171), Koblenz (G. III, 148. 253. 396. 409; H. p 252), Ehrenbreitstein (G. III, 601. 653), Niederberg b. Ehrenbreitstein (G. III. 645), Helfenstein b. Koblenz (G. III, 259. 425), Cobern a. d. Mosel (G. III, 301), Polch-Covern (G. III, 662), Polch (G. IV, 252), Elz (G IV. 143), Treis (H. p. 225), Ehrenberg a. d. Mosel (G. III, 219. 448), Cochem (G. III, 466), Witlich (Sievers p. XVII), Münstermaifeld (H. p. 186. G. III, 542), Mayen (Sievers p. XVII), Andernach (G III, 6; L. III, 632). — Breisig b. Andernach hat 1363 *verantwertin, antwurtin, antwerden, verantwurtin* (L. III, 636), Monreal 1353 *worde, antwerte* (G. III, 402), 1507 *swerde* (Weist. III, 813). Ebenso schwankt Hammerstein (Sievers

p. XVIII. Alle *rd* in nebentoniger Silbe. Dazu G. IV, 60 a. 1413 *gaenwerdigen*). Virnenburg hat 1447 *gartten* (G. IV, 223); aus einer andern Urkunde v. J. 1447 führt Sievers *urdel* an. Schwankungen zeigt auch die Gegend von Kempenich und Laach (Sievers p. XVIII), sowie das südliche Luxemburg (John Meier, Leben der Gräfin Jolande; germanist. Abh. herausg. v. Weinhold VII, p. IX ff.), aber ohne Regel. Noch 1534 hat Linz *rechtferdigen* und *rechtfertigen, antwurden*, aber *ortte, hinfurter* (Statuten der Stadt Linz im Programm des Progymn. zu Linz 1880). — Im Norden des Mittelfränkischen (im Ripuarischen) bleibt *rd* das 14. und 15. Jahrhundert hindurch, so in Sinzig, Bonn, Ahrweiler, Saffenberg-Neuenahr, Prüm und im nördl. Luxemburg, sowie in den weiter nördlich gelegenen Orten. Nur in Köln tritt bereits gegen Ende des 15. Jahrhunderts *rt* ein. Vorher ist es in Kölner Urkunden eine Seltenheit, z. B. 1385 *rerantwerten* neben *rerantwerden, antwerden* 3, *rurwerden* (L. III, 888), 1446 *gewarten* (L. IV, 276), 1464 *verantworten* (L. IV, 328). Aber nach 1470 steht vorherrschend *rt*: 1473 *gewarten, Gerharten, rerantwurten* (L. IV, 364), 1474 *wedderwirtigkeyden, wedderwirtigh, wedderwertigen* (L. IV, 375), 1481 *gewertich* (L. IV, 419), 1485 *furter* (L. IV, 428), 1487 *rurworde* (L. IV, 434), 1489 *vorter, ferter* = weiter, *worttten* (L. IV, 445), 1491 *Franckforder, scheltworde* (L. IV, 451), 1491 *vorter* (L. IV, 496), 1515 *gewarten, forter* (L. IV, 509). Eine Ausnahme macht das Wort *geburte*, das in Kölner Urkunden nur bis 1360 *rd* und dann *rt* hat: 1317 *geboerde*, 1321 *gebuyrde*, 1328 *geburden*, 1349 schon einmal *geburte* neben *rerantworden* 3, *rerantwerden, rurwarden, antworden, Reynharde, Gerharde*, 1360 *geburde* (L. III, 163. 180. 236. 480. 601); dagegen 1379 *geburte*, 1396 *geburte*, aber *vurwerden*, 1443 *geburte*, 1446 *geburte* (L. III, 842. 1021; IV, 251. 276). Im Jahre 1349 kommt *geburte* auch vor in Berg (L. III, 483), 1394 in Geldern (*geboyrte* L. III, 1000), 1430 in Cleve (L. IV, 196). Sogar in nd. Urkk. findet sich in diesem Worte *rt*: L. IV, 214 *geboirte*; H. p. 131 *gheburte*.

ld—lt.

Nach *l* weicht das *d* im 14. und 15. Jahrhundert allmählich dem *t*. Im Süden haben sämtliche deutsche Urkunden schon *lt*, so die der Grafen von Leiningen, in denen nur noch einmal *huldent* (a. 1351) erscheint, die von Neustadt (a. 1327 3 *lt*), Meckenheim (a. 1311 10 *lt*, 1353 4 *lt*), Ellerstadt (a. 1359 10 *lt*), Wachenheim (1383 1 *ld*, 1 *lt*), Landau (1319 6 *lt*, 1328 12 *lt*), Weinheim (1348 3 *lth*). Ich beziehe mich dabei immer auf die schon zitierten Urkunden. Heidelberg hat im 14. Jahrhundert nur 2 *ld* aufzuweisen (G. III, 664 a. 1399 *mulder* und *gulde*), aber auch im 15. kommen noch einige *ld* vor, wenn auch verschwindend wenige: *aufhalden, hielde* (ZO. 21, 201 a. 1403) und *eldester* (HU. IV, 145 a. 1440). — Eine zweite Station bildet Worms, wo von Anfang an die *lt* in der Überzahl sind, aber doch im 14. Jahrh.

auch *ld* nicht selten ist; im 15. sind die *ld* verschwunden. In der
nörlichen Pfalz und im südlichen Rheinhessen scheint
der Übergang schon ums Jahr 1350 vollzogen zu sein. Vorher
wechseln *ld* und *lt*: S. Alban 1317 1 *ld* 1 *lt*, Eusserthal 1325
malder und *malter*, Alsheim 1328 7 *ld* 2 *lt*, Albig 1333 8 *ld*
— *lt*, Odernheim 1341 9 *ld* — *lt* (HU. III, 1128), Pfedders-
heim 1345 16 *ld* — *lt* (HU. III, 1177), Alzei 1333 6 *ld* 5 *lt*.
Dagegen nur *lt* in Alzei a 1376 und 1384, Gundheim bei
Niederflörsheim a. 1359 (HU. III, 1318), Oberflörsheim a. 1361
(HU. III, 1336), Wöllstein a. 1383. — Die dritte Station ist
Mainz, wo *ld* im 14. Jahrhundert herrscht, im 15. sich zeigt bis
1450 und dann verschwunden ist. Neben weit ins dritte Hundert *ld*,
die im 14. Jahrhundert vorkommen, erscheint *lt* nur je zweimal in
gulte 1341[2] und 1390[1]. *malter* 1345 und 1364[5], *alter* 1357[3] und
1397[2] und siebenmal in *geltes* 1345 und 1379[2]. Von 1401—1450
ist das Verhältnis der *ld* : *lt* wie 1 : 3. Ähnlich wie Mainz verhält
sich die Gegend rechts des Rheins (Wasen 1403 1 *ld*, 1414 2 *ld*,
1433 1 *lt*, 1442 5 *lt*; Umstadt 1429 3 *ld*; Auerbach 1421 5 *ld*,
aber Bensheim 1488 7 *lt*; Darmstadt 1452 *gulte* und *gulde*,
Heusenstamm 1425 2 *ld* 1 *lt*), das nördliche Rheinhessen (Ingel-
heim hat im 14. Jahrhundert immer *ld*, Bubenheim 1416 und
Partenheim 1432 gleichfalls *ld*; in anderen Orten sind aber
schon in der zweiten Hälfte des 14. Jahrhunderts die *lt* nicht
selten: Nierstein hat 1373 — *ld* 3 *lt*, Rhein-Dürkheim 1364
4 *ld* 4 *lt*, Udenheim 1369 2 *ld* 1 *lt*, Algesheim 1357 2 *ld* 1 *lt*,
Ockenheim 1357 — *ld* 1 *lt*) und das Land zwischen Nahe
und Mosel (Sponheim und Bingen haben im 14. Jahrhundert *ld*,
nur Sponheim hat 1361 einmal *geltes*. Metz hat 1441 noch 1 *ld*).
— Am spätesten erfolgt der Übergang des *ld* in *lt* nördlich vom
Main und Rhein. Frankfurt hat bis 1430 *ld* (*lt* nur fünfmal
und zwar in *gülte* 2 a. 1317, *halte* a. 1335, *gulte* 2 a. 1337). 1436
erscheinen 2 *ld* und 2 *lt* und 1502 ist *lt* überwiegend, *ld* steht aber
noch fünfmal in *gelde*, neben welchem kein *gelte*, wohl aber einmal
gelts. Hanau hat bis 1465 vorherrschend *ld*, 1474 dagegen *lt*, nur
in *aldern* (Eltern) und *furaldern* nicht. Auch Friedberg, Grün-
berg und Marburg haben bis 1470 *ld*. Ausnahmen sind selten.
Friedberg hat 1351 *gülte*, 1383, 1391, 1394 und 1420 je einmal
gelts. Grünberg 1372 *alten* und Marburg 1333[1], 1335[6] und
1336[4] je einmal *behaltin*. Nach 1470 setzen im Nassauischen
und Hessischen die *lt* ein; so hat Marburg 1471 — *ld* 5 *lt*,
Friedberg 1475 — *ld* 2 *lt*, ebenso Düdelsheim 1473 — *ld*
7 *lt* (auch *altern*, Eltern), Eppstein 1473 — *ld* 1 *lt*, Butzbach
1496 — *ld* 1 *lt*, Hochweisel bei Butzbach 1481 — *ld* 2 *lt* (HU.
IV, 241) und 1487 — *ld* 3 *lt* (HU. IV, 252). Stockheim 1492
— *ld* 5 *lt*, (HU. IV, 268). Die Urkunden der Landgrafen haben
im 14. Jahrhundert gewöhnlich *ld*, im 15. oft *lt*, aber auch *ld*,
z. B. *halden* (HU. IV, 278 a. 1500) und fast immer *aldern* Eltern.
Dasselbe gilt von den Urkunden des Klosters Fulda, wo 1407

geldes, 1420 *golden* (= *gülten*) und *geldes*, 1452 *alde*, *gelde* 2 neben *alters* 2 und *altere* vorkommt. — Der Übergang des *ld* zu *lt* vollzieht sich also in rheinfränkischen Urkunden im Laufe des 14. und 15. Jahrhunderts und zwar etwa in vier Zeiträumen. Das *ld* verschwindet:

    im Süden vor 1300,
    in und um Worms vor 1400,
    in und um Mainz um 1450,
    in und um Friedberg um 1470.

nd.

Nach *n* ist *d* geblieben, auch in *hinden, hinder, unden* und *under*. Ausserordentlich selten erscheint einmal *hinter* (z. B. HU. I, 723 a. 1394) oder *enter* (z. B. HU. IV. 82 a. 1421 in *enterpfande*). Natürlich heisst es immer *winter*, wie auch *rente* und *mantel*. Einmal kommt *zu grunte* vor (HU. IV, 227 a. 1475).

-te.

Die Endung des Praet. der schwachen Verba wird — wie bereits erwähnt — *-te* geschrieben, in den ältesten Urkunden auch öfter *-the*, sehr selten aber *-tde* (z. B. *soltde*). *-de* kommt nur in *solde* und *wolde* oder in Formen wie *clade, frade*, bisweilen auch nach *n* vor (*sande, wonde*). Sonst ist *-de* eine Seltenheit. Es findet sich zweimal in einer Dauner Urkunde (H. p. 36 a. 1287) in *volgede* und *geburde*, einmal in einer Katzenellenbogener (L. III, 970 a. 1392) in *schickeden* und dreimal in Wormser Urkunden (s. oben!) in *effurde, heyschede* und *stabode*. Einmal findet sich auch *undirwisedde* (HU. II, 664 a. 1306).

Die Verba der zweiten und dritten schwachen Konjugation behalten das *e* des Praet. sehr oft bei: *wanete* (wohnte), *drangete, truwete, stubete, wandelete, folgete, mudete, gelobete, samenete, fragete, klagete, redete, lebete* (*lebtten* WH. II, 882), *sayete* u. s. w., die der ersten häufig bei langem Stammvokal: *wihete, losete, sunite, sumete, ougete, buwete, erleybete, wisete*, von denen viele sehr oft vorkommen, während die mit kurzer Stammsilbe und die auf mehrfache Konsonanz gewöhnlich bloss synkopierte Formen haben. Nur *setzete* kommt zweimal vor und vereinzelt *geborete, hebete, erbete, schenkete* und *schanckete*.

Auslaut.

Im Auslaut herrscht im Rheinfränkischen *t*, doch giebt es daneben zahlreiche *d*, weniger im Süden als im Norden. Im 13. und 14. Jahrhundert erscheint *d*:

1. häufig nach *n*, *l* und *r*: *phund, stund, hand* (haben und Hand), *genand, gemeind, kynd, dechand, belehend, gebend, horind*; *geld, guld, gewald; hundird, Luckard, Deynhard, Reinhard, Eckehard, Gerhard, Loshard, Frankenrord* (gewöhnlich und noch 1502 so, seltener *Frankenfort, Frankenfurt, Frankfurt*[1]), *Steinford, Catzinfurd, Curd, uzfard, gehord, gebord*;

---

[1] In Frankfurter Urkunden diese Form zuerst a. 1317 und 1330.

2. **gewöhnlich in -*heid*:** *gewonheid, stedicheid, sicherheid, renekeid, bescheidenheid, erberkeid, heymlichkeid, warheid, fryheid, gegenwortekeyd, Alheid, Elheid*;
3. **bisweilen in der Endung der 3. Sg. Ind. Praes. und Praet. und des Part. Praet.:** *had* (sehr oft), *sted, tud, komid; drad, reid, bud; gesed* (gesagt), *gelusted, gered* (geredet), *ircled, gehad, geschad*;
4. **häufig in den Wörtern** *stad, god, gud, mid, zid, foid,* auch *rad, nod, arbeid, mud* und ihren Zusammensetzungen *Selgenstad, Stocstad, horestad, Darmestad, Langestad, Nuwenstad, Mergestad, Orstad, Achstad, Berstad, Hartrad, Hartmud, Follrad, Conrad, Sterkerad, Hupraid, Wasmud, Demud, Zidfurdribes* (P. N.);
5. **ganz vereinzelt in** *weid, nid* (nicht), *gereid, muntad, Elsebed, Eyggenbrod, ampd, missetad, quid, unfluid, bodschafft*.

Selten ist *th* (etwas häufiger in *guth*) und *td*.

Im 15. Jahrhundert kehren dieselben Erscheinungen wieder. Neu treten in der zweiten Hälfte desselben *td, dt, tt* und *th* mit auf: *Radt, Selgenstadt, Stadt, majestadt, bereidt, gebodt, arbeydt, weydt, foydt, stundt, hatt, Statt, zitt, ratt, herlichkeitt, wittwe, gewonheytt, statd, zytd, Selgenstatd, guth, virkaufth*.

Anlaut.

Im Anlaut steht in denselben Wörtern unterschiedslos *d* und *t* und zwar allenthalben im rheinfränkischen Gebiet, wie folgende Proben zeigen:

	Anl.			inl. Anl.		
Leiningen:	d	t	th	d	t	th
14. Jahrhundert	7	21	3		8	—

dag 3, *tag* 3 — *dun* 2, *tun* 1, *thun* 1. Nur *t* kommt vor in *teyl* 6 und *tusent* 7. *th* kommt auch in *thurn* (Turm) zweimal vor.

	Anl.			inl. Anl.			
Mainz:	d	t	th	d	t	th	td
1300—1350	35	65	1	13	48	—	1
1351—1400	61	31	2	12	41	2	1
15. Jahrhundert	9	34	17	—	27	14	—

Die *th* stehen in *thun* 18, *thurm* 1, *thode* 1, *gethan* 9, *rieethum* 2, *underthanen* 4, *abthun* 1. — *td* in *fritdage* und *butdeilunge*.

	Anl.		inl. Anl.		
Sponheim:	d	t	d	t	th
14. Jahrhundert	66	9	16	1	1

32 *dun*, 2 *tun* — 22 *dag*, 2 *tag* — nur *d* in *doichter* 4, *th* in *ertheilt*.

— 65 —

	Anl.			inl. Anl.			
Frankfurt:	d	t	th	d	t	th	
13. Jahrhundert	10	1	—	3	4	—	
14. Jahrhundert	87	56	1	16	37	1	
15. Jahrhundert	15	17	—	5	11	—	
1502	5	23	3	8	3	1	

13. Jahrhundert: *t* in *teil, vierteil* 3, *dunristage*. — 14. Jahrhundert: 18 *dun*, 17 *tun* — 44 *day*, 19 *tag* — 7 *teil*, 9 *deil* — 1 *dede*, 4 *tede* — 2 *dotslay*, 3 *tod* — nur *d* in *dochter* 8. — 1 *gedan*, 6 *getan* — *gedeilet, irteilet* — *th* in *thutzschen* und *urtheil*. — 15. Jahrhundert: 4 *dun*, 7 *tun* — 2 *day*, 3 *tag* — 3 *dragen*, 2 *tragen* — 1 *duefel*, 2 *toffel* — 2 *dede*, 2 *tede*. — 1502 kommt *d-* nur noch in *dusent* vor.

	Anl.			inl. Anl.			
Friedberg:	d	t	th	d	t	th	td
1295	1	1	—	—	—	—	—
14. Jahrhundert	34	13	—	6	11	—	3
15. Jahrhundert	7	10	3	3	1	—	

14. Jahrhundert: 10 *dun*, 5 *tun* — 11 *day*, 5 *tac* — 2 *dochter*, 1 *tochter* — immer *deil* 5, *dodis* 1 — 2 *gedan*, 3 *getan*. — Die 3 *td* in *mantdage, suntdage, vertdeyl*. — 15. Jahrhundert: *th* in *thun* 3, *ortheil* 1.

	Anl.			inl. Anl.		
Grünberg:	d	t	th	d	t	
14. Jahrhundert	25	9	3	2	5	
15. Jahrhundert	3	1	3	—	—	

14. Jahrhundert: 7 *day*, 4 *tag* — 2 *dun*, 1 *tun* — 8 *deil*, 1 *teil*. *th* in *thun* 2, *thorne* 1, wozu im 15. Jahrhundert *thun* 2, *theile* 1.

	Anl.		inl. Anl.	
Wetzlar:	d	t	d	t
14. Jahrhundert	31	5	10	9

t in *tode, teil* 2, *tage, tusent* — *-teil* 6, *fritages, lebetage, vortedingen*.

	Anl.			inl. Anl.			
Marburg:	d	t	th	d	t	th	td
14. Jahrhundert	51	57	2	18	25	—	1
15. Jahrhundert	—	14	3	6	2	—	

14. Jahrhundert: *dode* 4, *tode* 12 — *dun* 11, *tun* 5 — *dage* 27, *tage* 19 — *dede* 1, *tet* 1 — *deil* 1, *teil* 11 — *dochter* 4, *tochter* 7 — *dal* 1, *dregit* 1, *deufer* 1 — *tadin* 1, *totbette* 1 — *thochtern* 1, *theil* 1. *Duczschen* wechselt mit *Tutschen* und *Thutschen*. Inl. *-dage* 9, *-tage* 9 — *gedan* 2, *getan* 5 — *indede* 1, *intrede* 3 — *irdeylit* 2, *-teil* 7 — *eyndrechtliche* 4 — *getat* 1 — *suntdage* 1.

15. Jahrhundert: Die *th* kommen in *thun* 2, *thettir* 1, *gethan* und *eigenthum* vor.

Bis 1335 kommen in Marburg neben 41 *d* im ganzen nur 4 *t* vor, nach 1335 überwiegen die *t*.

Bezüglich des Anlauts könnte man die Frage stellen, ob nicht die häufigen *t* neben *d* im Rheinfränkischen etwa einen Mittellaut zwischen Lenis und Fortis bezeichnen sollen. Da aber sowohl im ältesten, als auch im gegenwärtigen Rheinfränkisch im Anlaut *d* steht, so ist es wahrscheinlicher, dass die anl. *t* dem oberdeutschen (und südfränk.) Schreibgebräuche entlehnt sind. Dass die Entlehnung nicht gleichzeitig und in demselben Masse auch im Inlaut stattfand, hat seinen Grund jedenfalls darin, dass der Wortanfang auffälliger ist als das Wortinnere, wo die oberdeutsche Schreibung erst im 15. Jahrhundert in umfänglicherem Masse nachgeahmt wurde.

Für altes *d* erscheint sonach im Rheinfränkischen im

	Anl.	in l. Anl.	Inl. intervoc.				Ausl.	
14. Jahrh.	*d, t*	*t, d*	*d (t)*	*rt*	*ld, lt*	*nd*	-*te*	*t (d)*
15. Jahrh.	*t, d*	*t (d)*	*d, t, tt*	*rt*	*(ld) lt*	*nd*	-*te*	*t (d, dt, tt)*

Rheinfr. *d* blieb unverschoben im Inlaut nach Vokalen ausser in wenigen Wörtern, und selbst in diesen wechseln *d* und *t*. In ahd. Zeit ist *t* sehr selten. Die Mainzer Beichte hat 5 *godes* und 2 *gode*, aber kein *gotes, gote*, der Friedberger Krist 1 *gotes* neben 5 *godes*, der Arnsteiner Marienleich *rater*, der Friedberger Krist *vader*. Später werden die *t* häufiger[1], ohne aber zur Alleinherrschaft zu gelangen, wie man noch heute im Rheinfränkischen *guure modder* neben *güddentach* und *guntách* hören kann. In Handschuhsheim wird *mit eem* (mit ihm) gesprochen, wenn das Pronomen betont ist, aber *mirem*, wenn es unbetont ist (Lenz a. a. O. S. 31).[2] — Im Süden des Rheinfränkischen, in der Gegend von Worms und Heidelberg treten die *t* von Anfang an häufiger auf, im Südwesten (Lothringen) dagegen scheint, nach der Metzer Urkunde v. 1441 zu schliessen, mit welcher der gegenwärtige Lautstand übereinstimmt (vgl. Follmann, die Ma. der Deutsch-Lothringer. Progr. der Realschule zu

---

[1] Besonders scharf wird von manchen Schreibern im 14. und 15. Jahrhundert der Unterschied zwischen Fortis und Lenis hervorgehoben, so z. B. WH. II, 584 a. 1333 *ymelude, lude, Kode — gottis, eldirvatter*.
W. II, 649 a. 1368 *dede, bede, stedekeide — gottes, vatter, mutter*.
HU. I, 1041 a. 1371 *bede — vetter*.
W. II, 761 a. 1379 *guder — mutter*.
HU. I, 690 a. 1381 *stedyger, gebeden — vater, vettern*.
W. II, 955 a. 1391 *steden, gelieden, bede, stadehofftig — gottes*.
W. II, 996 a. 1394 *hede, guder, guden, luden — gottiz*.
HU. I, 731 a. 1397 *gude* 2, *guden — mutter*
W. II, 1045 a. 1398 *lude* 4, *eynmudedeclicke, mude, veydewe, gebyden* 2, *gebudel, gebode* 2, *bede, gebeden — gotts, gotte, fatters*.
HU. IV, 225 a. 1474 *erbguden, gesyden — vatters, mutter*.

[2] Aus dem dem Rheinfränkischen benachbarten Siegerländischen führt Heinzerling (a. a. O. S. 110) *modder* neben *moorersbroach* und ähnliches an.

Metz 1886 S. 11) nur *d* vorhanden gewesen zu sein. Dort haben vielleicht die Strassburger Eide ihre Heimat. Dem Süden gehört die Lorscher Beichte an, die *fater* 2, *gotes* 8, *gote* 2, *-heiti* 3, *zitio, muater, strites, gebeton* neben *gideda, -muodi* 2, *deda, dadi* 4, *gidadi* hat, ferner das Ludwigslied mit *faterlos, ritan, liutin, luto, guoto* neben *godes* 4, *gode* 3, *arbeidi, gebiudist, beidodun, beidon*, desgleichen wahrscheinlich der Isidor, der — wie bereits erwähnt — *fater, muoter, muotes, gotes, gote, dhrato* und *deta* hat. Weinhold nimmt für den Isidor eine fränkische Vorlage an, die in einem bairischen Kloster umgeschrieben worden sei. Fränkisch sei der Konsonantismus, bairisch der Vokalismus, insbesondere die Verdrängung von *ai* durch *ei*, ferner die *au* für *ou*, *uo* für *ô*, *iu* für *eu* mit der Brechungsform *eo* und der Diphthong *ea*. Alle diese Erscheinungen sind aber auch fränkisch. Für Südrheinfranken als Heimat des Isidor spricht auch der Umstand, dass er mehrere Eigentümlichkeiten hat, die sonst nur dem Alemannischen eigen sind. Dahin gehört namentlich der Unterschied in dem Flexionsvokal im Plural Praet. der starken und schwachen Verba (*u* bei den starken, *ô* bei den schwachen) und der Unterschied in der Endung des Conj. Praet., die bei den starken Verben *i*, bei den schwachen *î* lautet. Es ist anzunehmen, dass ursprünglich auch das Südfränkische diese Eigentümlichkeiten mit dem Alemannischen und dem Südrheinfränkischen teilte, aber der Weissenb. Kat. giebt darüber keinen Aufschluss. Im 9. Jahrhundert sind sie im Südfränkischen wie im Rheinfränkischen dem fränk. Sprachgebrauche schon gewichen. Bis zum Jahre 496 besassen die Alemannen auch das südliche Rheinfranken und wohnten nach Arnold in dichten Scharen bis in die Umgegend von Worms. In der Schlacht bei Zülpich wurden sie von den Franken unterworfen, ihre sprachlichen Eigentümlichkeiten bewahrten sie aber wohl noch bis ins 8. Jahrhundert, in welchem dieselben vor der wachsenden fränk. Einwanderung und dem wachsenden fränk. Einfluss zu verschwinden anfingen.

Unverschoben ist im Rheinfränkischen *d* auch nach *l* und *n* geblieben. Dagegen wurde es verschoben in den meisten Fällen des Auslauts, möglicherweise auch nach *r* und in der Endung des sw. Praet., wo in den Urkunden fast ausnahmslos *t* geschrieben wird. Zweifelhaft bleibt es, ob im Anlaut die Lenis oder ein Mittellaut zwischen *d* und *t* gesprochen wurde.

Anl. *p*.

Altes anl. *p* bleibt im ganzen rheinfränk. Gebiete unverschoben, wie auch im Nordwesten des Südfränkischen. „So war es zu Otfrids Zeit und so ist es noch heute in der ‚Palz', Frankfurt, Mainz, wo man stets im Anl. *p* spricht, aber aspiriert. Das nachstürzende *h* wird auch damals schon dagewesen sein, da es, wenngleich nur selten, doch zuweilen bezeichnet wird" (Braune a. a. O. I, 5). Der erste Satz Braunes ist unanfechtbar, der zweite dagegen bedarf der Richtigstellung. Wir haben gesehen, dass in den Speierer Urkunden durchweg *ph* und *pf* und nur ein *p* geschrieben wurde. Dasselbe ist der Fall in den leiningischen Urkunden, wo aber *pf* dem *ph* vorangeht: 1305 *pfande*, *pfunde* 2, 1306 *pfunde* 5, *pfande*, 1331 *phunt* 2, 1336 *phont* 2, 1351 *phert*, *phunt*, 1382 *pherner*. Nur einmal erscheint *p* und zwar in *Paltzgrauen* (a. 1382).[1] In den Heidelberger Urkunden erscheint von Anfang an *pf*. Neben 38 *pf* kommt im 14. Jahrhundert nur einmal *ph* in *Phaltzgraue* (1370) vor. Immer findet sich *pfingstag*, *pflegen*, *pfaffen*, *pferde*, *pferrer*. In der Regel heisst es auch *pfallentzgraf*, *pfaltzgraf*, aber es kommen auch 3 *p* vor: *Palenzgereue* 2 (a. 1360) und *Palczgrauen* (a. 1381). Im 15. Jahrhundert haben sämtliche Heidelberger Urkunden nur *pf*. In der Urkunde des Schenken zu Erbach vom Jahre 1325 steht *pfunt*. Nur *ph* hat Landau: 1319 *phunt*, *underphande*, *ebenphat*, *phingeswochen*, 1328 *underphunde*; Annenweiler: 1345 *underphande* 2, *phingestwochen*, *phorten*; Neustadt a. d. Hardt: 1327 *phunt* 3, *phrondener*. Es zeigt sich also im Süden des Rheinfränkischen nur *pf* und *ph*. — Etwas weiter nördlich ändert sich das Bild. Kloster Eusserthal hat 1325 *phinnig* 2 und *phunt*, aber *prunde* 3; Meckenheim 1311 *phand*, 1353 *phonde* 2; aber Ellerstadt nördlich von Meckenheim hat 1359 zehnmal *punt*. In Worms steht bis 1320 ausnahmlos *p* und zwar im 13. Jahrhundert *paffe*, *pennenge* 5, *pennege*, *punt* 8, *parre* 17, im Jahre 1304 *paltz*, *pant*, 1306 *penningen*, 1318 *pingistage*, 1320 *punt* 2. Im Jahre 1321[1] dagegen: *parre* 3, *perrer* 4, *punt* 13, *prundener* 2, *Pedernsheim* 1, aber auch *phunt* 10, *phaffe* 2, *Pheffelnkeim*. Von 1325 ab überwiegt *ph*. Es erscheinen von

1325—1350	51 ph[2]	10 p
1351—1375	253 ph	23 p
1376—1400	325 ph	43 p

Dass zuletzt die *p* verhältnismässig zahlreich sind, liegt wohl daran, dass viele Orts- und Personennamen vorkommen, die die alte Orthographie gern festhalten z. B. *Peffelnkeim* 5, *Pedersheim* 4 (Pfeddersheim), *Peter genant Paffe* (a. 1380³), *Peter Paffe* (a. 1384⁵). *Paurenborter*, *Wilhelm Pluger* 2, *Dürrepul* u. a. Die Schreibung *pf* ist im ganzen 14. Jahrhundert selten; sie findet sich in *pfaffe* 1330, *pfont* 2, *pfennig* 1349², *pfunt*, *pferrer*, *pfarre* 1355³, *pfunt* 1361³, *pfliget*, *pflegen* 1392². Im 15. Jahrhundert steht anfangs *ph* (*p* nur einmal in *Plugman* 1418), von 1433 ab aber stets *pf*, sogar in *pforte*. Nur 1466 wird neben *pfel* noch einmal *phele* geschrieben.

---

[1] Braune führt zwar auch einmal *punt* aus Leiningen an (PBB. I, 5), aber die betreffende Urkunde (II. p. 290) ist nicht leiningisch, sondern trierisch, was aus Formen wie *luden*, *vader*, *gode*, *gude*, *stedicheit*, *gebeden* etc. ersichtlich ist. Sie ist zu Gunsten des Erzbischofs ausgestellt (Graf Friedrich von Leiningen nimmt seinen Anteil an der Burg Alt-Leiningen vom Erzbischof Balduin zu Lehen). Auch II. p. 266 ist trierisch. (Graf Gottfried von Leiningen entsagt seinen Ansprüchen an den Erzbischof.)

[2] Ausserdem einmal *prhonderen* (Pfründnern) W. II, 326 u. 1343. — *porte* ist nicht mit gezählt.

Neuhausen b. Worms hat 1352 *rnderpande*, 1362 *phond, verphant*, 1391 *Phiffelckheim* 2, *phunt* 2, *pflantzen, pflegte, pforten* und *Pfryme* (Name eines Baches). — Zwischen Worms und Mainz scheint links des Rheins das *p* durch *ph* zwischen 1350 und 1370 abgelöst worden zu sein. Selten läuft *pf* unter.

p.

Alzei.
- 1333 *penninge* 3
- 1366 *Paltzgrafe*
  pennig 3
- 1376 *Paltzgrave*

Alsenz.
- 1357 *prunde*
  pont 2
  perrer 3

Albig.
- 1333 *parre* 2
  underpant
  perrer
  perres
  pingestage

Alsheim.
- 1328 *punt* 2
  underpande

Westhofen.
- 1361 *punt*

Odernheim NO. v. Alzei.
(HV. III, 1128).
- 1341 *rnderpant* 2
  punt 2

Nierstein.
- 1336 *pundin*

Lörzweiler.
- 1336 *pernere* 2
  parre

Udenheim.
- 1369 *Paltzgrafen*

Saulheim.
- 1366 *parre* 2

ph (pf).

Alzei.
- 1376 *phunt* 2
  phennig

Wöllstein.
- 1383 *pherrer* 2
  pharre 3
  phaltzgrave
  phunde

Eckelsheim b. Wöllstein.
(HV. III, 1279).
- 1355 *rnderphant*
  phande
  verunderphant

Selzen.
- 1365 *pherner* 2

Oppenheim.
- 1365 *phunt* 3

Nierstein.
- 1373 *pherrer*
  phond

Undenheim.
- 1363 *pherrer*
  underphande

Olm.
- 1378 *pherrer*

	p.		*ph (pf).*
	Appenheim.		**Mommenheim.**
1368	*perner*	1378	*vndirphande*
			pfunt
			Stadecken.
		1388	*undirphanden*
	Schwabheim.		**Schwabheim.**
1361	*plygt*	1361	*pehrnere!*
	penning		*rndirphande 2*
	paffenweg		
	Hilbersheim.		**Hilbersheim.**
1358	*perrer*	1358	*rndirphant*
	pingsten		
	Guntersblum.		**Guntersblum.**
1382	*ponde*	1382	*rnderphande*
	Mombach.		**Mombach.**
1351	*prundener*	1372	*pferden 2*
1372	*perden 3*		
	Algesheim.		**Algesheim.**
1344	*punt 3*	1353	*rndirphant 2*
	pennig	1357	*phunt*
	rnderpande		
1353	*in dem Pule*		
1357	*undirpender*		
	Büdesheim.		**Büdesheim.**
1346	*penninge 2*	1346	*pheninge*
			pherrer
	Ockenheim.		**Ockenheim.**
1344	*perner*	1357	*phunt*
1357	*plegit*		*pharre*
			rndirphandin
			wolfisphade
	Kreuznach.		
1322	*Palentzgrafinnen*		
	pant, verpant, pende 2		
1350	*penning*		
	Bretzenheim.		
1343	*punt*		

Im 15. Jahrh. begegnet *ph* und *pf*. **Bubenheim**: 1416 *pharrkirche 2*; **Partenheim**: 1432 *pfaltzgrafen*; **Alzei**: 1468 *pharfolk, pherrner, phaltzgraffen*. — In **Mainz** hält sich *p* bis ins 15. Jahrh.

Es kommen vor von
```
         1301—1330    — ph     5 p
         1331—1350   18 ph     9 p
         1351—1400   39 ph    49 p.
```
Noch 1419 wird *pantschaft* und 1434 (G. IV, 154) *puffheit* geschrieben, von da ab *ph*, und 1482 taucht *pf* auf. Im 14. Jahrhundert kommt dreimal *pf* in der schon erwähnten Deutschordensurkunde vom Jahre 1345 vor. In Ingelheimer Urkunden steht 1351 *pennikgulde, rnderpendere* 5, *pvde*, 1355 *pont, rnderpent* 2, 1384 *pade*, 1391 *punt* 2, *rndirphanden*, 1396 *phunt, vnderphande, phingistage*, 1477 *pfalzgrare* 2, *pfaltzgraveschafft, pfantschafft*. Die Frankfurter haben im 13. Jahrhundert *penning* 3, *perl* 3, *undirpande*, aber auch schon *pferd* (a. 1294) und *phaff* (a. 1300). Von 1301—1350 überwiegt *ph*, das 23 mal vorkommt, während *p* nur 11 mal erscheint. *pf* steht in *pfenning* (a. 1318). Von 1351—1400 stehen 4 *p* gegen 2 *ph*. Noch 1436 kommt *plichtig* vor. Die Urkunde von 1502 hat *pflichtig, verpflicht, pfert* 2. Die Urkunden der Herren von Wasen haben im 14. Jahrhundert 5 *p* und 11 *ph* und im 15. Jahrhundert 6 *ph* und kein *p*. — Rechts des Rheins erscheint *ph* zwar früh, aber *p* kommt auch um 1450 noch vor. Aschaffenburg: 1366 *pingisten, pluge, phennynge, pherer* 2, *pharre*; Babenhausen: 1343 *phund*, 1383 *manphenigen, phunt* 38 mal, 1429 *pherde* und *pele*; Ostheim: 1361 *phunt*; Büttelborn: 1358 *phunt, unterpfande*; Astheim: 1357 *perden* 2; Darmstadt: 1452 *pleger, underphant*; Umstadt: 1429 *pherde* 2; Auerbach: 1421 *phunt* 4; Bensheim: 1488 *pfarkirchen, pfunt*. — Im Norden des Rheinfränkischen erscheint *ph* um 1350. Nidda: 1335 *punt* 3. 1350 *pherrer, phund*, 1353 *phaffin, phenninge, phund, pfaffinberge*, 1380 *phunt, peninge*, 1397 *pharre, underphande*, 1406 *phurten*, 1419 *plegir*, 1437 *phenge, phuntsass, corpundit*; Brubach: 1345 *pherrer* 2, *pheninge*. Friedberg hat sogar bis 1380 vorherrschend *p*: 1306 *Paffenang, pennenge, punt*, 1315 *punt, peffer, peninge* 2, 1335 *undirpande* 3, 1344 *penning, underpande, plicht*, 1351 *Pannensmedin, pennig*, 1353 *penniggeldes* 2, 1356 *punt* 2, 1359 *parre* 2, *perrer*, 1362 *fosspat*, 1371 *parre* 3, *perrer*, natürlich auch immer *porten, portener*. *ph* kommt nur vor in *phund* (a. 1342 und 1346) und *phenninge* (a. 1358). Von 1373—1400 kommen 14 *ph*, 8 *p* und 1 *pf* (a. 1373 *rndirpfande*) vor. Noch 1410 findet sich *parkirchen*, 1420 aber *phorten*, 1442 *phenden, phenning* und 1475 *pfenden, pfenning, pfennig*. Karben: 1351 *phennige*, 1365 *phunt* 2, *punt* 2; Hanau: 1339 *phunt* 3, 1355 *verphant, phunt, punt*, 1356 *punt*, 1371 *virpendet*, im 15. Jahrhundert 10 *ph* und 1 *pf* (*pflichtig* 1431); Büdingen: 1380 33 *p* 22 *ph*, 3 *pf* (*pfennyng, pferde, pfunt*); Gelnhausen: 1334 *phenninge*, 1347 *perrer* 2; Rüdigheim: 1299 *paffen*; Steinheim: 1482 2 *ph*; Flörsheim: 1369 2 *p*; Castel: 1347 2 *ph*; Münzenberg: 1277 *pfründe* 2, im 14. Jahrhundert 5 *ph*, 6 *p*; Grünberg: 1348 2 *p*, 1349 1 *p*, 1356—1400 21 *ph*, 3 *p*, 1 *pf* (*pfennynge* 1373), im 15. Jahrhundert erscheint 1432 *Pedernsheim* und 1459 *pantschafft*;

Merlau: im 14. Jahrhundert 6 *ph*, 1 *p* (*penninge* a. 1344), 1 *pf* (*pflegin* a. 1363); Wirberg: 1360 2 *p*; Schiffenburg: 1301 bis 1350 1 *ph*, 9 *p*, 1351 *phunt* 4, 1357 *pond*: Giessen: 1321 bis 1393 18 *p*, − *ph*; Butzbach: 1416 *verpant* 2; Wetzlar: bis 1350 18 *p*, — *ph*, 1358 *phenniggulde*, 1359 *phennige*, 1369 *pheninge*, überdies 1353 auch *Sturczekoph*; Amöneburg: 1351 *pennige* und *underphande*; Romrode: 1338 7 *p*, 1356 1 *ph*, 1371 2 *ph*, 1405 9 *ph*; Alsfeld: 1340 1 *ph*, 1349 1 *p*, 1371 2 *ph*, 1 *pf* (*pfunt*), 1383 2 *ph*; Obern Aula: 1419 *pleget*, *pferden* 3, *pfund*, *pfennige*; Ziegenhain: im 14. Jahrhundert 23 *ph* (von Anfang an) und 6 *p*; Fritzlar: 1372 (HU. 1, 1056) 1 *ph*; Marburg: im 14. Jahrhundert 166 *p* und 12 *ph* in *underphande* 1318, *phennige* 1324, 1332 (2), 1336, 1341 und 1354, *phunt* 1332 (3) und 1340 und in *phernere* 1332 − 1453 steht *pflichttagk*, 1457 *penge* und 1471 gleich *pforten*, *pfortener* 2; Reichenbach b. Schlüchtern: 1394 4 *p*, 3 *ph*; Hatzfeld: 1402 *porte*, 1419 *portener*, *perden*; Katzenellenbogen: 1318 *Pungstat*, 1340 *phunt* 3, *pallezgreve*, *palinzgreve*, 1341 *phunt*, *pont*, 1362 *pfaltzgrafen*, 1368 *phunt*, 1392 *plach*, 1402 *puntschaft*, *pennig*, *pfunt*, *underpande*, 1410 *punt*, *pantschafft*, 1416 *funt* (das einzige *f*), 1420 *underphande*, 1433 *perde*, *penden*, *pherde* 2, 1438 *pandeswyse*, 1447 *Pungstat*; Nassau: 1331 3 *p*, 1355 3 *ph*; Limburg: 1298 *phenninge*; Eppstein: 1341 2 *ph*, 1342 2 *ph*, 1391 1 *ph*, 1435 *porczes*, *porten* 4, 1466 *pfening*, 1473 *pherden*, *pflichtig*; Münster b. Eppstein: 1448 1 *p*, 1 *ph*; Lorch: 1328 1 *p*; Kloster Erbach: 14. Jahrhundert 37 *p*, 4 *ph*; Bingen: 1329 2 *p*, 1344 1 *p*, 1351 1 *p*, 1357 1 *ph*, 1375 1 *p*; Sponheim: 1321−1361 13 *p*, 1387 2 *pf* (in *Pfaltzgreve*), 1393 1 *p*, 1398 2 *p*.

Man sieht also, dass *ph* (*pf*) in rheinfränkischen Urkunden nicht selten ist und dass es von Jahrzehnt zu Jahrzehnt in der Richtung von Süden nach Norden an Boden gewinnt. Die folgende Übersicht zeigt, wann nach unsern Urkunden in den angeführten Orten im Anlaut *ph* und *pf* auftauchen und wann *p* verschwindet.

	ph term. a quo	*pf* term. a quo	*p* term. ad quem
Speier	1300	1320	
Worms	1321	1330	1400
Mainz	1331	1482	1434
Frankfurt	---		1436
Katzenellenbogen	---	..	1447
Friedberg	1342	1475	1420
Grünberg	1356	−	1459
Marburg	..	1471	1457

In den Frankfurter und Katzenellenbogener Urkunden stehen von Anfang an *p* und *ph* mit einzelnen *pf* so durcheinander, dass für *ph* und *pf* eine Anfangsgrenze nicht angegeben werden kann. In den Marburger sind die *ph* im 14. Jahrhundert selten, herrschend ist *p*.

Wie ist nun diese Abweichung der Schreibweise von der gesprochenen Rede zu erklären? Braune ist, wie gesagt, der Meinung, dass die Schreiber das dem *p* nachstürzende *h* bezeichnen wollten, dass also *ph* in rheinfränkischen Urkunden die Aspirata bedeute. Dagegen spricht 1. der Wechsel mit *pf*, 2. dass auch hier in *enphahen, enphelen* wie im Südfränkischen bis tief ins 15. Jahrhundert hinein gewöhnlich *ph* geschrieben wird und erst am Ende desselben *pf* dafür eintritt, 3. dass das anl. *p* in Fremdwörtern, welches heute noch aspiriert gesprochen wird,[1] wie gewiss auch damals schon, immer auch *p* geschrieben wird. In den Hunderten von rheinfränkischen Urkunden ist mir nur in einer einzigen *ph* für *p* begegnet, nämlich in dem zu Mainz aufgenommenen Inventar des Magisters Konrad von Hagenau v. J. 1183, wo öfter *phar* (Paar) steht (ZO. 24,198). Stets heisst es *person, pene, pitancien, partie, punct, pedel* (W. II, 657 a. 1369), *prelat, prior, predier*. — Neberts Ansicht über die *ph* in Speierer Urkunden ist bereits erwähnt worden. Er nimmt an, dass in Speier eine durch hohenstaufischen Einfluss hervorgerufene Amtssprache mit „schwäbisch-alemannischer Grundlage" vorhanden gewesen sei, die sich auch im Wormsgau verbreitete. Dass hier anl. *p* „nur sporadisch auftritt", will er darauf zurückführen, „dass der Wormsgau nicht in dem Masse wie der Speiergau von schwäbischen Elementen durchdrungen war" (a. a. O. S. 27.) Dagegen ist folgendes zu erwähnen. Die verhältnismässig wenigen schwäbischen Adelsfamilien, die durch die Hohenstaufen im Speier- und Wormsgau sollen angesiedelt worden sein, werden natürlich ihre schwäbische Mundart fortgesprochen haben, anderseits fuhren aber die heimischen Adelsgeschlechter sicher auch fort, süd- und rheinfränkisch zu sprechen, und die Schreiber der Urkunden, meist Geistliche oder Notare aus den verschiedensten Gegenden werden sich erst recht nicht der Mundart der Eingewanderten anbequemt haben. Also eine Kanzleisprache mit schwäbisch-alemannischer Grundlage hat am Oberrhein jedenfalls gar nicht existiert. Aber angenommen, es hätte eine gegeben und es wäre die Beamtensprache von den Burgen und aus den Patrizierhäusern in die verschiedenen Schreibstuben eingedrungen, so konnte sie doch zunächst in der Schrift (abgesehen von wenigen Wörtern) gar nicht zum Ausdruck gelangen, weil man sich bei Abfassung der Urkunden noch anderthalb Jahrhundert lang der lateinischen Sprache bediente. Unterdessen wurde die hohenstaufische Macht und der Einfluss des staufischen Dienstmannen- und Beamtenadels gebrochen. Trotzdem sollen die Speierer Kanzleien, als sie anfingen deutsch zu schreiben, sich in Bezug auf altes anl. *p* nach jener Beamtensprache gerichtet haben, in andern Dingen freilich nicht, und die Wormser sollen von 1283 bis 1320 der heimischen Mundart gemäss sogar noch *p* geschrieben

---

[1] Das geht deutlich hervor aus Lenz, Wörterverzeichnis des Handschuhsheimer Dialekts: S. 35 *phescht* Pest, *phekt-flaasch* Pökelfleisch, *phoscht* Post, neben *phool* Pfahl, *phals* Pfalz, *pheſa* Pfeffer. *p* bezeichnet stimmloses *b*, *h* die Aspiration (S. 4).

(38 mal in 11 Urkunden), dann aber auf die Kanzleisprache sich besinnend mit *ph* eingesetzt haben.[1] Die zahlreichen *ph*, die nördlich vom Wormsgau ziemlich früh auftreten (z. B. in der Wetterau vor 1360) finden nach Neberts Aufstellungen gar keine Erklärung. — Ich nehme an, dass die Ursache des Vorrückens der *ph* und *pf* durch das nordwestliche Südfranken (Speier) und durch ganz Rheinfranken lediglich in dem Bestreben der Schreiber zu suchen ist, die oberdeutsche Orthographie nachzuahmen. Die gesprochene Rede änderte sich nicht. Die Sucht, oberdeutsch zu schreiben, erklärt sich aus dem Übergewicht, das in jener Zeit Oberdeutschland in litterarischer Hinsicht hatte, und daraus, dass je länger je mehr weithin das Bedürfnis gefühlt wurde, eine einheitliche, von den Mundarten möglichst unabhängige Schreibweise zu schaffen, um den schriftlichen Verkehr, der nun immer grösseren Umfang annahm und vornehmlich in deutscher Sprache stattfand, zu erleichtern. Ein solches Vordringen oberdeutscher Schreibweise nach mitteldeutschen und weiterhin sogar nach niederdeutschen Gegenden lässt sich mehrfach beobachten, worauf meines Wissens noch nirgends scharf genug hingewiesen worden ist.[2] Wir haben gesehen, dass im Rheinfränkischen *lt* von Süden nach Norden vorrückend *ld* verdrängt. In Nordthüringen und Obersachsen dringt in den Urkunden *pf* und *mpf* für heimisches *pp* und *mp* allmählich ebenso vor. Ins Mittelfränkische und Niederdeutsche dringt vom Rheinfränkischen aus *daz* ein. Desgleichen verdrängt *b* von Süden her nach und nach das mittelfränkische *v*. Im Norden des Mittelfränkischen werden im 15. Jahrhundert Formen wie *helffen* und *dorffer* immer häufiger. Im Süden des Niederfränkischen setzt sich *bis* für *bit* fest. Die Urkunden von Geldern-Cleve haben bis 1429 stets *byt*, von da ab aber *bis*, vgl. L. IV, 192 a. 1429; 214 a. 1434 (*bis tet tyt dat*); 216 a. 1435 (*bys toe ter tyt dat*); 227 a. 1437; 234 a. 1439; 283 a. 1447 u. s. f. Nehmen wir hinzu, dass für altes *î* und *û* im 15. Jahrhundert schon in manchen Gegenden in solchen Fällen *ei* und *au* geschrieben wird, wo in der Sprache die alten Längen bewahrt bleiben, wie in Thüringen (s. Erfurter Freizinsordnung in den Rechtsdenkmalen aus Thüringen IV), auch in Schwaben (vgl. Schilling, die Diphthongisierung der Vokale *û*, *iu* und *î* im Werdauer Progr. 1878), dass auch andere oberdeutsche Vokale wie *ie*, *uo*, *üe* in md. Hss. und Urkk. nicht selten auftauchen, so sehen wir, dass man in den Kanzleien Mitteldeutschlands und der angrenzenden Striche Niederdeutschlands bereits vor 1500 bemüht war, eine in wesentlichen Stücken einheitliche Orthographie nach oberdeutschem Muster herauszubilden. Es ist hier nicht der Ort, auf diesen Gegenstand näher einzugehen. Nur auf

---

[1] Dass in lat. Wormser Urkk. des 13. Jahrh. schon einige Male *ph*, *pf* geschrieben wird (Nebert S. 26 f.), kann keinen Ausschlag geben. Das kommt in Mainzer Urkk. auch vor.

[2] Vergl. jedoch Hildebrand, Sachsenspiegel 1863 S. XIII. — Wülcker, Vokalschwächung im Binnendeutschen. 1868 S. 63 — Bech, die bischöflichen Satzungen über das Eidgeschoss in Zeitz. S. 11. — Braune in PBB. I, 31.

das Eindringen des neutralen *z* und der *b* (für *v*) in moselfränkisches Gebiet, das Grenzgebiet zwischen Rhein- und Mittelfränkisch, will ich einen Blick werfen.

Wir wissen, dass die Trierer erzbischöfliche Kanzlei im Anfange des 14. Jahrhunderts im Gegensatze zur heimischen Mundart anfängt *daz* zu schreiben. Was ist der Grund? Braune, der zuerst auf diese Erscheinung hingewiesen hat, erklärt sie folgendermassen: „Von 1329—1335 war der Erzbischof Balduin von Trier zugleich Verwalter des Erzbistums Mainz. Fortan schreibt seine Kanzlei *daz*. Man kann den Wechsel deutlich erkennen, wenn man die beiden Urkunden G. III, 156 und 160 vergleicht. In der ersten, einem Vertrage mit der Gräfin von Sponheim aus dem Jahre 1328 steht noch *dat*, in der letzteren von 1329, wo Balduin zum ersten Male den Titel Beschirmer des Stiftes zu Mainz trägt, tritt *daz* ein, wenn auch sonst die Sprache von dem, was wir als trierisch annehmen müssen, nicht gerade abweicht. Es ging also wohl aus der Mainzer Kanzlei der Gebrauch, *daz* zu schreiben, in die nun mit ihr vereinigte Trierer über" (PBB. I, 30). Man muss sich wundern, dass unter solchen Umständen die Mainzer und nicht die Trierer Kanzlei massgebend wurde. Sieht man aber genauer zu, so stellt sich heraus, dass weder die eine, noch die andere den Anstoss zu dieser orthographischen Neuerung gegeben hat. Erstens ist das Vordringen des *daz* über seine alte Grenze hinaus kurz nach 1300 auch an andern Orten als Trier bemerkbar. Im Jahre 1325 schliesst der Erzbischof von Köln mit Valentin von Isenburg einen Pfandvertrag (H. p. 176), in welchem 22 *dat*, aber auch 3 *daz* und neben 1 *it* auch 1 *es* stehen; zweimal kommt *alles dat* vor. Bischof Ludwig von Münster verpfändet im Jahre 1317 zu Alen dem Grafen Engelbert von der Mark das Haus Patzlar. Die Urk. ist nd., aber neben 11 *dat* kommen 7 *daz* und 1 *datz* vor (wie neben *to* oft *zo*). L. III, 155. Mit dem Grafen von der Mark, dem Grafen von Virneburg, Marschall zu Westphalen, und den Grafen von Zeynen und Tekenburg schliesst der Bischof zu Münster 1319 Frieden. In der darüber ausgestellten nd. Urkunde („*gey. up dem daghe tuschen Hamme unde Alen*") steht *it*, *dit*, aber nur 8 *dat* neben 19 *daz*, ausserdem einmal *waz* (H. p. 131). Dass um die Mitte des 14. Jahrhunderts in der Kanzlei des Magdeburger Erzbischofs ebenfalls *daz* auftaucht, ist bekannt. — Zweitens tritt *daz* schon geraume Zeit vor 1329, also vor der Vereinigung der beiden Erzbistümer, in den Urkunden des Erzbischofs von Trier auf. Im Jahre 1300 bewilligt er den Bürgern von Koblenz eine Steuererhebung (G. III, 5) und in der betreffenden Urkunde erscheinen 7 *daz* und 5 *dat*, 1 *dit*, 1 *iz*, 1 *alliz*, z. B. *daz alliz dat hye vor gesprochen ist, daz dat war ist*. In einer Erklärung des Bischofs Balduin, die er im Jahre 1318 von Koblenz aus erlässt (L. III, 172), stehen 1 *it* und 12 *daz*, aber kein *dat*. Vereinzelt kommt *daz* vor G. III, 117 a. 1323; 131 a. 1325 (*das wir dat stede sollen halden*), nur *daz* (4 mal) im Jahre 1326 (H. p. 197); ebenfalls nur *daz* (3) und 1 *waz* steht G. III, 154 a. 1328. In dem von Braune angezogenen Vertrage zwischen dem Erzbischof Balduin und der Gräfin Loretta von Sponheim vom Jahre 1328 steht zwar nur *dat* (9), aber in der Urkunde über die Sühne zwischen dem Erzbischof und derselben Gräfin steht 30 mal *dat* und 41 mal *daz*, und diese Urkunde ist auch im Jahre 1328 und zwar einen Tag früher ausgestellt als der Vertrag. Wollte man nun einwenden, dass bis 1328 neben den Urkunden mit *daz* auch solche sich finden, die nur *dat* haben, so wäre zu entgegnen, dass auch nach 1329 noch Trierer Urkunden vorkommen, die nur *dat* haben, z. B. G. III, 179 a. 1331, oder wenigstens mehrere, z. B. G. III, 171 a. 1331 4 *dat*, 2 *id*, 2 *daz*, 1 *allitz*. — Drittens dringt *daz* nur im Süden des Erzbistums Trier vor, erreicht aber die nördlichen Gegenden desselben nicht. Während eine Bopparder Urkunde von 1327 noch *dat*, *wad*, *id* schreibt (H. p. 214), hat eine Lahnsteiner von 1329 (H. p. 223) schon *daz* 6, *waz* 1 und nur noch *id* 2. Die Bopparder von 1356 (G. III, 434) hat natürlich auch stets *daz*[1]. In Koblenz dringt *daz* kurz vor 1340 durch. Zwar findet sich ein *daz* schon in dem Bündnis zwischen Koblenz und Andernach vom Jahre 1301 (G. III, 6), aber 1326 erscheint wieder nur *dat* (H. p. 199) und 1331 7 *dat* und 1 *daz* (H. p. 252), bis 1339 *daz* durchdringt (G. III, 253) und nun herrschend bleibt (so G. III, 396. 409. 413). Nur in einem Mutscheid zwischen Simon von dem Burgtor zu Koblenz und dem Stifte S. Florin daselbst tauchen neben 9 *daz* wieder 4 *dat*, 2 *it* und 2 *dit* auf (G. III, 413) und wieder 1390 (G. III, 620) steht 1 *dat* neben 4 *daz*. Ehrenbreitstein hat von 1364 an immer *daz* und *waz* (G. III, 497. 601. 653), ebenso Niederberg bei Ehrenbreitstein im Jahre 1395 (G. III, 645). Helfenstein bei Arzheim auf dem rechten Rheinufer hat *dat* 1315 (H. p. 106), 1340 (G. III, 259), 1351 (HU. III, 1245), aber 1355 hat eine Urkunde, die von dem Bürgermeister und der Gemeinde des Thales Mühlheim unter Helfenstein ausgestellt ist, *daz* (G. III, 425) und 1386 eine von Heinrich von Helfenstein ausgestellte desgleichen (G. III, 605), ebenso die Urkunden von 1458 und 1464 (G. IV, 261. 298). Ehrenberg a. d. M. zeigt bis 1363 nur *t* (G. III, 219. 431. 496) mit Ausnahme eines *is* (1356), aber im Jahre 1368 erscheinen 8 *daz*, 1 *ez*, 1 *it* (G. III, 517). Münstermaifeld hat 1325 *dat*, *allet* (H. p. 186), aber in dem Schöffenweistum von 1372 *daz*, *waz*, *iz*, *alles* (G. III, 542). Polch hat 1399 12 *dat*, 2 *daz*, 1 *wat*, 1 *allit*, 1 *Bestit* (G. III, 662), aber im 15. Jahrhundert *das*, *es*, *was* neben einem *dat* (G. IV, 252). Zwei Herren von Elz stellen im Jahre 1337 eine Urkunde aus (G. III, 223,2) mit 5 *dat*, 2 *dit*, 1 *daz*, auch der Burgfriede von Elz von 1430 (G. IV, 143) hat noch *dat*, *idt* (*yd*) und nur je ein *das* und *isz*, aber eine Urkunde von Elz-Covern von 1445 *daz* (Gudenus II, 327). In Virneburg gewinnt *daz* auch im 15. Jahrhundert nicht die Oberhand: 1344 steht *dat* (Gud. II, 312), 1414 *daz* (L. IV, 82), 1417 13 *das*, 1 *daz*, 2 *was*, 3 *dat*, 1 *wat*, 1 *it* (G. IV, 73

---
[1] G. III, 346 a. 1347 ist keine Bopparder Urkunde.

Virneburg-Münstermaifeld), 1426 *dat* (G. IV, 119), 1428 *dat* (G. IV, 135), 1445 21 *dat*, 6 *das*, 3 *is*, 1 *es*, 2 *diss* (G. IV, 214), 1447 3 *das*, 1 *dat* (G. IV, 223 Graf Ruprecht von Virneburg belehnt Dietrich von Monreal), 1448 *dat* (G. IV, 226), 1454 *dat* (G. IV, 249), 1471 *das* (G. IV, 324), 1480 *dat* (G. IV, 355) und 1489 4 *dat*, 2 *das*, *it* (G. IV, 381). L a a c h hat 1367 9 *dat* und 1 *daz* (G. III, 513), sonst bleibt *dat* in Laacher Urkunden, ebenso wie in den Prümer das ganze 14. Jahrhundert hindurch bis tief in das 15. hinein. Laach und Prüm sind aber die nördlichsten Punkte des Erzbistums Trier und standen mit der erzbischöflichen Kanzlei in regem Verkehr. Die A h r g e g e n d (Kesslingen, Saffenberg, Ahrweiler) behält natürlich ebenfalls *dat* (PBB. I, 10). K r e u z b e r g a. d. Ahr hat noch im Jahre 1518 7 *dat*, 1 *datselnige*, 8 *das*, 1 *was*, 1 *es* (Weist. III, 844). — In S a y n vollzieht sich der Wechsel um die Mitte des 14. Jahrhunderts. *Dat, id, dit* steht 1272 (H. I, 9), 1283 (H. I, 12), 1284 (H. I, 13), 1337 (L. III, 308). Im Jahre 1333 (H. I, 158) erscheinen 18 *dat*, 3 *it*, 1 *wat*, 1 *bestit*, 3 *daz*; 1356 (L. III, 557) nur *daz* und *dys*; 1386 (L. III, 906) 3 *das*, 1 *dyt*; 1435 (G. IV, 161) 5 *das*, 1 *dat*; 1456 (G. IV, 254) *das, was, es*; 1477 (G. IV, 345) 3 *daz*, 1 *dat*; 1491 (G. IV, 385) 19 *das*, 2 *diss*, 1 *wat*.[1] — In I s e n b u r g überwiegt im 14. Jahrhundert *dat*[2]. Es steht im Jahre 1334. 1337, 1338, 1350. 1360. 1362, 1379 (L. III, 203; L. III, 316. 335. 339. G III, 369. 468. L. III, 628. G. III, 571), *daz, alles, is* nur 1326 (L. III, 213) und 1397 (L. III, 1036). A n d e r n a c h hat 1362 *dat* (L. III, 632), H a m m e r s t e i n bis 1402 stets *dat* (PBB. I, 11), aber 1413 2 *dat*, 1 *das* (G. IV, 60). Das Statutenbuch von L i n z vom Jahre 1534 bietet nur 1 *das* (S. 3) neben häufigem *dat, allet, idt*. — In K ö l n fangen aber die neutralen *t* schon um 1470 in der Schrift zu weichen an. Auch kommen einzelne *daz* noch früher vor, so im Jahre 1326 (L. III, 210), wo neben 11 *dat* und 1 *wat* auch 4 *daz* stehen; 1334 (L. III, 278) kommt 1 *das* vor, 1379 (L III, 842) ebenso, 1396 (L. III, 1396. Klageschrift des Rates von Köln an den Erzbischof) 36 *dat*, 1 *datselue*, 6 *daz*, 1 *das*, 1 *alles*, 1419 (G. IV, 83) 1 *dat*, 9 *daz*, 4 *is*, 1422 (L. IV, 142) neben häufigem *dat* ein *daz*, 1425 (G. IV, 120) 3 *das*, aber *up, dorpere*, 1425 (L. IV, 164. Der Erzbischof schreibt an den Herzog von Cleve. *Datum Colonie*) 3 *dat*, 1 *allet*, 13 *daz*, 3 *waz*, 1 *iz*, 1 *ez*, 1464 (L. IV. 328) oft *dat*, 1 *das*, 1469 (L. IV, 343. Claus von Drachenfels verpflichtet sich dem Erzbischof. Gegeben zu Bonn) 6 *dat*, 1 *allet*,

---

[1] G. III, 30 findet sich eine zu Gunsten des Grafen Johann v. Sayn im Jahre 1307 ausgestellte Urkunde, welche durchgängig schon *das, dis* hat. Das ist aber nicht der Abdruck des Originals, welches vielmehr H. p. 76 abgedruckt ist, wo immer *dat, dyt* steht. Wie sehr die beiden Drucke von einander abweichen, geht aus folgenden Proben hervor: *Erben* (G.) — *Erven* (H.); *off* — *of*; *aber* — *euer*; *entsterben* — *ersterven*; *Wildenburg* — *Wildenbrch*; *Fruntschafft* — *Vrunszhaf*; *raten* — *radene*; *entgeinwertigen* — *gemoerdichem*; *Geburte* — *geburde*; *vfftragen* — *updrain* („Dit geschach zu Wyndersback" H.).

[2] Zu Gunsten des Erzbischofs sind abgefasst G. III, 228. 321. 291. 386. 373. 387. Sie haben sämtlich *daz*, weil sie aus der Trierer Kanzlei stammen.

3 *das*, 1469 (L. IV, 345 Sühne zwischen dem Erzbischof und einem Herrn von Wildenburg) 13 *dat*, 2 *id*, 1 *allet*, 1 *ditmaile*, 4 *das*, 2 *alles*. Nach 1470 ist *das* überwiegend. Zwar finden sich noch einzelne Urkunden, die nur *t* haben, so L. IV, 436 a. 1487 (auch 1 *das*); 451 a. 1496; 496 a. 1508; 509 a. 1515, aber in ebenso vielen bleiben die *t* in der Minderheit, so 1472 3 *das*, 1 *dat* (L. IV, 359). 1481 7 *das*, 1 *was*, 3 *dat* (L. IV, 419); 1484 3 *das*, 1 *was*, 3 *dat* (L. IV, 426); dagegen 1491 4 *das*, 1 *alles*, 7 *dat*, 1 *datselb* (L. IV, 453), aber 1493 wieder 5 *das*, 2 *es*, 1 *alles*, 3 *dat* (L. IV, 461) und in den meisten steht nur *das*, *dis*, *es*, *was* z B. L. IV, 364 a. 1473; 365 a. 1473; 396 a. 1478 (auch 1 *dat*); 415 a. 1481; 428 a. 1485; 434 a. 1487.

So sehen wir, dass weder die Mainzer Kanzlei das *daz* in die Trierer Urkunden eingeführt hat, noch die Trierer Kanzleisprache die unmittelbare Ursache der Einführung des *daz* im Erzbistum war, sondern dass man überhaupt im Süden des Mittelfränkischen, wie auch anderwärts das Bedürfnis empfand, *dat* durch das oberdeutsche *daz* zu ersetzen.

Mit dieser orthographischen Neuerung hält eine zweite gleichen Schritt. Statt des mittelfränk. inl. *r*, ausl. *f* wird das im Oberfränkischen und Oberdeutschen gebräuchliche *b* eingeführt, und zwar steht in der Regel in solchen Urkunden, die noch *dat* schreiben, auch *v — f*, in solchen, die *daz* schreiben, aber *b* und in solchen, die *dat* und *daz*, *it* und *iz* haben, auch *r* (*f*) und *b*. Ausnahmen sind selten. Den besten Beweis liefern die Trierer Urkunden. Neutrales *t* und *r* haben H. p. 3 a. 1248; G. III, 114 a. 1322; 117 a. 1323; 126 a. 1324 (aber einmal *Lybes*); 156 a. 1328. H. p. 129 a. 1318 hat stets *dat*, aber *beseriben*, *gegebin*, *globen*, *aber*, *denselben*, kein *r*. Neutrales *t*, aber *r* und *b* erscheinen G. III, 179 a. 1331 *geschriuen*, *gegeuin*, *Libe*, *lebit*, *abe*, *gelobit*; G. III, 5 a. 1300 *selbe*, *geben*, *rber*, *gegeben*, *gescriuen*. Neutrales *t* und *z*, *r* und *b* zeigen G. III, 166 a. 1330 6 *daz*, 1 *waz*, 2 *id*, 1 *ed* — *Erben*, *lebet*, *geben*, *Auende*; G. III, 169 a. 1330 9 *daz*, 3 *waz*, 3 *id* — *leben*, *Eruen*, *geschrieuene*, *bliuen*, *gegenen*, *irhauen*. Aber G. III, 171 a. 1331, wo auch *dat* und *daz* schwanken, steht stets *b*, umgekehrt 155 a. 1328 nur *v*. Die *daz*-Urkunden haben *b*: H. p. 197 a. 1326; G. III, 154 a. 1328; 160 a. 1329 (aber *bliuen — bleif*); H. p. 228 a. 1330; G. III, 170 a. 1330; 172 a. 1331 (aber auch 1 *dat*, 2 *dit*); 177 a. 1331 (auch 1 *dat*); 204. 210. 211 a. 1335; 221. 224. 229 a. 1337; 235 a. 1338; 250 a. 1339; 274 a. 1341 etc. Nur im Jahre 1332 (G. III, 181) stehen neben einander *Libe*, *lebit*, *abir*, *gelobit* und *selue*, *geuin*, *geschrieuene*, *gegeuin*. Vereinzelt erscheint ein *r* noch 1342 in *vrlouen* (G. III, 289), in späteren Urkunden habe ich inl. *r* nicht mehr gefunden, wohl aber ausl. *f* noch 1421 *schreiff* (G. IV, 102), 1423 *schreiff* (G. IV, 112), 1423 *lyfflich*, aber *daruber*, *Erben*, *gegeben* (G. IV, 114). In Koblenz stellt sich die Sache so: 1301 steht *dat* und *r* (*f*), 1326 *dat* und *r*, 1331 *dat* (1 *daz*) und *geben*; 1339 *daz* und *b*, 1352 *daz* und *b*, 1353[1] *daz* und b (aber *gelaufft*, geglaubt), 1353² *daz* und b (aber *anderhaluen*), 1365 *daz* und *dat*, v und b, 1390 *duz* und b; in Ehrenbreitstein: 1364 *daz* und *selue*, *gegeuen*, aber *halb*, *daselb*, 1385 *daz* und b (aber *erffliche*). 1398 *daz* und b; im 15. Jahrhundert erscheint ein vereinzeltes *erfflich* 1444 (G. IV, 207) und *geschreuen* 1460 (G. IV, 280); in Helfenstein: 1340 *dat*, inl. b, ausl. f, 1351 ebenso, 1355 *daz*, inl. b, ausl. f, 1386 *daz*, b und v (f), 1458 und 1464 *daz* und b; Ehrenberg: 1337 *dat*, *Erben*, *geschrieuen*, *Wiff*; 1356 *dat*, inl. v, ausl. f, 1363 *dat*, inl. v, 1368 *daz* und b; Braunshorn 1361 (G. III, 474) *daz*, inl. b, ausl. ff; Sayn hat im 13. Jahrhundert bloss v, von 1334—1456 v und b (im 15. Jahrhundert ist b häufiger als v, die Urkunde von 1435 hat nur ausl. f). 1477 und 1491 nur b (aber 1491 noch ein *erfflich*). Münstermaifeld hat in der Urkunde von 1325 *dat* und v, in der von 1372 *daz*, inl. b, ausl. b und ff (*halb*, *rnrirderfflich*). Treis, Cobern, Monreal, Adenau, Saffenberg, Laach, Remagen haben im vierzehnten Jahrhundert *dat* und v. Nur G. III, 402 a. 1353 (Monreal) steht *selber*, *Erben*, *seuen*, *gaf*, und so auch noch 1507 in einem Weistum von Monreal (Weist. III, 813) je ein *dat*, *das*, *dieseluen*, *erlauben*. Virneburg zeigt das ganze 15. Jahrhundert hindurch u und b neben einander. In der zweiten Hälfte des 15. Jahrhunderts taucht auch in den Prümer Urkunden b auf, so G. IV, 286 a. 1461. Dasselbe gilt von Köln. Während 1449, 1454 und 1469 immer u geschrieben wird (L. IV, 292. 305. 343), steht 1471 (L. IV, 356) *halber*, *geben* neben öfterem u, 1473 (L. IV, 364) nur b; 1484, 1487, 1491 finden sich b und u neben einander.

Wir kehren zum Rheinfränkischen zurück.

pp, mp.

pp und *mp* sind unverschoben geblieben. In den Urkunden erscheint meist *pp* oder *pph* (*ph*), *mp* oder *mph*. Die Belege sind im ganzen selten, z. B. Worms 1321¹ *nahp* (dreimal), 1362³ und 1367² *Hellekoppen*, 1363³ *Schopphe*, 1363⁴ *Schrimpe*, 1367² *schuppen* (Schuppen), 1378¹ und 1392² *opper*, 1380⁶ *Wymppen*, 1383² und 1393⁵ *Nappe*, 1384⁴ *Crappengazzen*, *zum Crappen*, 1392² *Glasekoppe*, 1418 *Ysenkopf*, 1355¹ *Schrymphe*, 1374² *Scharpenstein*; Mainz: 1364⁵ *holtzuppel*, 1372¹ *zum Roden Coppe*, 1470 *kloppen*, 1343 *Scharphenstein* (HU. III, 1153), 1355⁴, 1364⁴ und 1385 *Scharpenstein*; Frankfurt: 1323² *Koppe*, 1408 *koppern*, *gelymph*; Hanau: 1429 *waltzipphen*; Alzei: 1384 *stoppeln*; Bingen: 1357 *stoppen*; Mommenheim: 1378 *Cloppenberge*; Lörzweiler: 1336 *Eppelesgassen*; Rhein-Dürkheim: 1464 *Stumphe*; Eppstein: 1435 *Schoppe* (Schuppen); Friedberg: 1394 *Rodenkoppe*, 1395 *tzappen*; Wetzlar: 1341 *schoppen* (Schuppen), 1353 *Sturczekoph*; Marburg: 1357² *eppele*; Hatzfeld: 1385 *Biedinkap*, 1402 *scheppen* (schöpfen); Biedenkopf: 1339 *Bidincaph*; der Landgraf: 1428 *Bydenkup*, *Bydenkop* (HU. IV, 108); Grünberg: 1380 *hupphingarten*. Die gewöhnliche rheinfränkische Form für nhd. Schöffe ist *scheffe* oder *scheffene* (Worms 1287 *scherenen*), selten kommt die Form mit *pp* vor, so Mainz: 1325 *Scheppen*, 1352 *scheppfen*; Friedberg: 1301 *schepphen*; Schiffenburg: 1331 *scheppchenen!* Felsberg: 1339 *schepphin*. — Im Anschluss hieran will ich erwähnen, dass in Worms 1300 *wapen* (Waffen) vorkommt und in Frankfurt 1371 *erzbischopp* (M. I, 728).

rf, lf.

Nach *r* und *l* ist altes *p* zu *f* verschoben. In der Regel steht auch in den Urkunden des 13.—15. Jahrhunderts *f*. Doch findet sich vereinzelt auch *ph*, z. B. in Worms: 1360 *Berwelph* (HU. III, 1321); Schiffenburg: 1331 *Dredorph*; Biedenkopf: 1339 *dorphin*; Merlau: 1340 *dorph*.

Main, Rhein und Nahe scheiden das rheinfränkische Gebiet in Süd- und Nordrheinfränkisch, die sich in einigen Punkten von einander unterscheiden. Erstens steht im Nordrheinfränkischen oft *he* und *her* neben *er*, während das Südrheinfränkische in der Regel *er* hat. *He* findet sich in Grünberg 1367; Marburg 1323, 1332[1], 1339[2], 1341[3], 1336[1], 1336[10], 1352[3]; Amöneburg 1336; Rohrbach 14. Jahrhundert; Wetzlar 1326; Schiffenburg 1337, 1342; Giessen 1393; Wetterau 1359; Waldeck 1397 (HU. I, 1255); Karben 1365; Echzell 1350; Katzenellenbogen 1318; Nassau 1388; Hanau 1356; Frankfurt 1321[1], 1322[1], 1323[1 u. 3], 1325, 1388; Büdingen 1380; *her* in Grünberg 1290; Reichenbach 1394; Waldeck 1397; Limburg 1298; Rüdigheim 1299. Im 15. Jahrhundert erscheint *he* in Breitenbach SW. von Alsfeld (Weist III, 352 a. 1467). Jedenfalls hatte in früheren Jahrhunderten auch das Südrheinfränkische diese Formen, wie das Ludwigslied zeigt, sie sind aber vor dem 14. Jahrhundert schon geschwunden. — Zweitens wird im Nordrheinfränkischen für *b* (idg. *bh*) bisweilen *v* (*f*) geschrieben wie im Mittelfränkischen. Doch sind die *u* selten, die Regel ist *b*. Sponheim hat 1318 *gegieuin, schreif*, 1346 *Errin*, 1387 *Eruen, erfflliche*, 1390 *daruofuer* (darüber), *Sonauende, derselue*; Bingen: 1329 *denseluen, gegeuen*; Katzenellenbogen: 1392 *erkouern, geschreuen, erfflichen*; Kreuznach: 1417 *Erue, geschrieuen* (G. IV, 72). Belege aus der Wetterau giebt Weinhold mhd. Gr. 163. 164. Im Südrheinfränk. habe ich nur ein *derselue* und zwar in einer Heidelberger Urkunde vom Jahre 1426 (L. IV, 175) gefunden. — Drittens ist im Nordrheinfränkischen neutrales *t* viel häufiger als im Südrheinfränkischen. Nordrheinfränkisch: Kaub 1359 *dat*; Rheingraf 1359 *dat*; Sponheim 1318 *dit* 2, *id* 2, 1387 *dat*; Katzenellenbogen 1392 *dat*; Eppstein 1395 *dit*; Münster bei Eppstein 1448 *das dit so sy*; Erbach 1352 *dit nemeliche selyerede*, 1336 *wert* = wäre es; Marburg 1333¹ *dit* 2, *dat*, 1323 *dit*, 1336¹⁰ *daz dit geschehe, daz si dit tun*, 1337¹ *dit*, 1340² *dit hus*; Wetzlar 1307 *daz dit sicher sy*, 1308 dsgl.; Giessen 1333 *dit* 2, 1346 *dyt*; Münzenberg 1350 *dit*; Schiffenburg 1341² *daz dyt stede und reste sy*; Ziegenhain 1325 *dit*; Solms 1364 *daz dit war ist*; Felsberg 1336 und 1337 *dit*; Grünberg 1380 *dit*; Wirberg 1334 *dyt* 2; Rohrbach 14. Jahrh. *dyt* 4; Friedberg 1295. 1342 und 1383 *dit*; Frankfurt 1294 *dit* 3, 1329. 1340. 1352. 1355. 1399 *dit*; Büdingen 1380 *dit*; Lichenrode 1388 *dit* (Weist. III, 400); Obern Aula 1419 *dat, dit* 2; Breitenbach bei Alsfeld 1467 *dyt*. Hermann von Fritslar hat *dat* (Myst. I, 153, 39) und *dit* (ebd. 1, 3, 1; 5, 9; 92, 34; 106, 29 etc.). — Südrheinfränkisch: Olm 1343 *dat daz nyt geschien in sal*; Oppenheim 1394 *dit*; Babenhausen 1383 *dyt ist die stende gulde*; Theisbergstegen 1337 *daz dat stede und reste si*. — Bit (bis) kommt im Süden und Westen des Rheinfränkischen häufig vor, so in Worms: 1341 *bit her*, 1364³ *bither*, 1378¹ desgl., 1390¹ *bit her*, 1391¹ *bit daz, bit her*; Mainz: 1348⁴ *bithere, bit here*, 1375 *bit*; Sponheim: 1327 *bit*, 1341 *bit her* neben *biz her*, 1357 *bith, bithher*; Bingen: 1329 *bid*; Waldertheim bei Erbach: 1336 *bither* (HU. III, 1065); Raugraf: 1367 *bit daz wir komen*, 1373 *bit her*; Bodenheim: 1385 *bit daz*; Aschaffenburg: 1366 *bit, bither*; Frankfurt: 1408 *bit*. Es ist aber selten im Nordosten, im Hessischen. Ich kann nur *bit uf den sunday* und *bit here* aus einer Giessener Urkunde vom Jahre 1341 (WH. II, 702) beibringen. Die Form *bitz*, die im Südfränkischen öfter vorkommt, erscheint auch im Südrheinfränkischen z. B. Heidelberg 1464 *bitzhere* (SR. II, 178), Hirschhorn 1353 *bitzher* (SR. I, 597), Stadecken 1388 *bitz her*. — Das neutrale *t* scheint sich besonders in einigen feststehenden Redensarten, sowie an unbetonter Satzstelle erhalten zu haben. Dass auch sonst in hochtonigen Silben die Verschiebung des *t* zeitiger erfolgt ist als in nebentonigen, dafür zeugt z. B. die Behandlung des alten *t* in den schon erwähnten Personennamen mit *gaut* im moselfränkischen Gebiet. In seiner Geschichte der niederfränkischen Geschäftsprache bemerkt Heinzel zwar (Seite 316), dass in der Trierschen Mundart des 9.—12. Jahrhunderts *gaud, gaut* mit *gauz, gôz* wechseln. Genau besehen stellt sich aber die Sache so heraus, dass *gauz, goz* immer als erstes, *gaud, gaut* dagegen als zweites Kompositionsglied steht. In Beyers Urkundenbuch der mittelrheinischen Territorien findet sich als erstes Glied, das den Haupton trägt, nur im 8. Jahrhundert noch *gaut*, vom Jahre 800 ab aber ausnahmslos *gauz, goz*, als zweites Glied (mit Nebenton) *gaudus, gautus, gotus* ausschliesslich bis gegen 900, von wo ab *t* und *z* neben einander hergehen. Ich verzeichne hier sämtliche bei Beyer vorkommende unverdächtige Namen: I. Glied: *Gautebertus* a. 704, *Gautlenus* 762 — *Gauzhelmus* 801. 866. 880, *Gauzbertus* 860, *Gozlenus* 878, *Gozmar* 909. 1157, *Gozbertus* 909. 923. 963. 989. 1072. 1127. 1135, *Gozlinus* 913. 943. 963, *Gozelinus*

919, *Ganzlinus* 920, *Gozwinus* 1051. 1108. 1141. 1194. 1196, *Gozmarus* 1158. 1196. — II. G l i e d : *Meyingaudi* 762, *Rimigaudus* 775. 826. 846, *Borigaudus* 775, *Herigaudus* 842, *Theutgaudus* 847, *Helmgaudus* 866, *Regengoti* 868, *Meyingaudi* 868. 1052, *Ermengaudus* 880. 881, *Meyingaudus* 895. 926. 929, *Tetgaud* 926, *Adalgaudi* 943. 948. 959, *Meyingaldus* 966. 981. 1092, *Liutgaudus* 978, *Theutgaudus* 1003, *Meingaudus* 1008. 1037, *Heregaudus* 1125, *Meingodus* 1139, *Mengotus* 1145. 1185, *Meingotus* 1147. 1162. 1158. 1186 — *Meyingoz* 888, *Meyingozzus* 961, *Megengoz* 1072, *Meingoz* 1101, *Mengoz* 1147. Obgleich — wie ich oben nachgewiesen habe — viel Willkür in der Schreibung dieser Namen steckt, so lässt sich doch aus ihnen so viel erkennen, dass im zweiten Glied die Verschiebung um eine geraume Zeit später erfolgt sein muss als im ersten und dass die Übergangszeit für die Verschiebung im ersten Glied eine kürzere gewesen sein muss als im zweiten. —

Wenn wir sonach das Rheinfränkische vom Südfränkischen einerseits wie vom Mittelfränkischen anderseits scharf trennen müssen, so fehlt es doch nicht an **Übergängen**. Der südliche Teil des Rheinfränkischen nähert sich dem Südfränkischen durch die häufigen *t* im Inlaut nach Vokalen, wie wiederum der nordwestliche Streifen des Südfränkischen in dem anl. *p* mit dem Rheinfränkischen übereinstimmt. Ähnliche Übergänge giebt es zwischen dem Rhein- und Mittelfränkischen. Das nördlichste Gebiet des Rheinfränkischen teilt mit dem Mittelfränkischen das neutrale *t* und der südliche Teil des letzteren mit ersterem das *f* nach *l* und *r*. Indem so ein Dialekt mit gewissen Eigentümlichkeiten in den andern übergreift, entstehen zahlreiche Abstufungen. Am Ober- und Mittelrhein sind die Hauptpunkte dieser Abstufungen Strassburg, Weissenburg, Speier, Worms, Mainz, Wesel, Koblenz, Köln. — Dass sich die Grenzen für einzelne sprachliche Erscheinungen des Süd- und Rheinfränkischen im Laufe der Zeit geändert hätten, ist nicht nachweislich. Wohl aber macht sich in der Urkunden- und auch in der Litteraturschriftsprache frühe ein **Streben nach Ausgleichung in orthographischen Dingen** bemerkbar, wodurch die Auffindung mundartlicher Grenzen früherer Zeit oftmals sehr erschwert wird. Im ganzen geht der Zug der Ausgleichung von Süden nach Norden. Während die Einwirkung des Ostfränkischen und Thüringischen auf das Rheinfränkische auf einen gewissen Grenzstreifen beschränkt bleibt, pflanzt sich oberdeutsche Schreibweise auf das Südfränkische, die so modificierte südfränkische auf das Rheinfränkische fort und so weiter, sodass wir endlich oberdeutsche Orthographie selbst in niederdeutschen und niederfränkischen Schriftstücken gewahren. Dieser Zug macht sich sofort mit dem Auftreten deutscher Urkunden in auffälliger Weise bemerkbar, war aber jedenfalls auch früher schon vorhanden. Natürlich bleibt auch in der Orthographie eine Abstufung bestehen. Rheinfränkische Urkunden nehmen weniger oberdeutsche Schreibungen an als südfränkische und mittelfränkische wieder weniger als rheinfränkische.

Ganz unbedeutend sind in rheinfränkischen Urkunden die Spuren niederdeutscher oder mittelfränkischer Orthographie, wie sie in der ersten Hälfte des 14. Jahrhunderts an der äussersten Nordgrenze des Rheinfränkischen sich zeigen. Sie finden sich in zwei Waldecker Urkunden (PBB. VII, 17), einer vom Jahre 1343 (*die schen oder horit unde bekennit*) und einer von 1347 (*dat* neben *daz, ut, si wirt* pl.), in einer Katzenellenbogener Urkunde vom Jahre 1306 (Wenck, Urkundenbuch Nr. 117), worin Berthold von Katzenellenbogen, Probst zu S. Martin zu Wesel, sein Erbteil an seinen Bruder Wilhelm v. K. verkauft (*dat* 5, *it, allit, dit*) und in einer Urkunde von Oberwesel vom Jahre 1301 (H. p. 65), welche 23 *dat*, 4 *it*, 1 *allit*, 1 *dit*, aber auch 3 *daz* aufweist.

III., Ostfränkisch.

Da Fulda nicht dem ostfränkischen Sprachgebiete angehört, so bleiben dem Ostfränkischen nur bair. Franken (östlich bis über Bamberg hinaus), Koburg und Meiningen mit den Hauptorten Würzburg und Bamberg. Dass der nördliche Teil des alten Fürstentums Baireuth, das Egerland und das Vogtland, ostfränkisch seien, ist bis jetzt nur behauptet, aber nicht bewiesen worden.

Berichtigung.

Auf Seite 19 muss in dem Schema für Speier immer *nd* statt *nt* stehen.

Vita.

Ich, Oskar Albin Böhme, Sohn des Amtswachtmeisters Karl August Böhme und der Johanna Christiane geb. Kaufmann, bin geboren am 22. Sept. 1848 in Penig. Nachdem ich von Ostern 1863 bis dahin 1868 das Königl. Seminar zu Grimma besucht, war ich vier Jahre lang als Privatlehrer in Gablonz a. N. in Böhmen thätig, während welcher Zeit ich die Wahlfähigkeitsprüfung bestand. Von Ostern 1872 an studierte ich vier Semester in Leipzig Pädagogik und hörte besonders die Vorlesungen der Herren Professoren Zarncke, Hildebrand, Masius, Voigt, Wenck, denen ich mich für die empfangene Anregung und Belehrung zu stetem Danke verpflichtet fühlen werde. Am 16. Mai 1874 bestand ich die Prüfung für das höhere Schulamt, trat dann als Lehrer in die Erziehungsanstalt von Dr. Pietsch in Blasewitz ein und wurde Michaelis 1874 vom Hohen Königl. Ministerium an die Realschule in Reichenbach berufen, an welcher ich noch wirke.

Veröffentlicht habe ich:

Beiträge zur Altersbestimmung neuhochdeutscher Wortformen (in Pfeiffers Germania XXVIII, 358—375 und 391—412).

Zu Lexers mhd. Wörterbuche (Germania XXX, 111—119).

Beiträge zu einem vogtländischen Wörterbuche (Programm der Realschule mit Progymnasium zu Reichenbach i. Vogtl. 1888).

Die Übereinstimmungen zwischen dem Wigaloistexte und den Lesarten der Handschriftengruppe Bb in Hartmanns Iwein (Germania XXXV, 257—286).

Zu Iwein 3225 (in den Beiträgen zur Geschichte der deutschen Sprache und Litteratur XV, 563—566).

Die Ortsnamen auf -grün in Böhmen (in den Mitteilungen des Vereins für Geschichte der Deutschen in Böhmen XXIX, 307—321).